한국인과 유학생을 위한
커뮤니케이션학 대학원 진학 가이드북

대한민국
커뮤니케이션
대학원

한국인과 유학생을 위한
커뮤니케이션학 대학원 진학 가이드북

대한민국
커뮤니케이션
대학원

이정기 · 황우념 지음

이담
Books

    미디어커뮤니케이션학과, 신문방송학과, 광고홍보학과 등 커뮤니케이션학과가 개설된 국내 대부분의 대학이 대학원 과정을 운영하고 있다. 과연 커뮤니케이션학을 연구하는 일반대학원에는 어떤 사람들이 진학하는가, 대학원에 입학하면 무엇을 배우고, 어떤 활동을 하게 되는가, 대학원에서 석·박사 학위를 취득하고 난 이후의 진로는 어떠한가. 이 책은 국내의 일반대학원에서 석·박사 과정을 마친 저자(한국인 대학원생, 외국인 유학생)들의 사례를 통해 대학원이라는 조직과 대학원 생활 전반에 대해 정리했다. 그리고 한국 대학원이 한 단계 발전하기 위한 전략을 제시했다. 커뮤니케이션 분야 대학원 진학을 고민하는 국내외 학부생과 직장인, 대학원의 혁신을 고민하고 있는 교수들에게 지침서가 될 수 있기를 기대한다.

·········· 저자 소개

동명대학교 광고홍보학과 조교수다. 동명대학교 매스컴학과를 졸업하고(01년 3월~07년 2월), 한양대학교 일반대학원 신문방송학과에서 석사 과정(07년 3월~09년 2월, 지도교수: 정대철)과 박사 과정(09년 9월~13년 2월, 지도교수: 김정기)을 마쳤다. 석사 과정 시절에는 정대철 교수의 연구조교로 활동했고, 박사 과정 시절에는 언론고시반(서울, ERICA) 실습조교로 활동했다. 박사 과정 졸업 후 2013년 12월까지 한양대학교 신문방송학과 강의교수로 일했고, 2014년 1월 1일부터 2018년 2월 28일까지 한양대학교 교수학습지원센터 책임연구원(연구교수)으로 교수법, 교육커뮤니케이션을 연구했다. 2018년 3월 모교인 동명대학교 광고홍보학과에 조교수로 임용됐다. 『대학교육 혁신과 교육커뮤니케이션』(2019), 『온라인 광고 교육』(2018), 『이정기처럼 사회과학 논문 쓰기』(2017), 『온라인 대학 교육』(2015) 등 16권의 저서를 집필했고, 110편 이상의 논문을 KCI, SCI, SSCI, SCOPUS 등 전문 학술지에 게재했다. 대통령 직속 국가균형발전위원회 자문위원, 부산국제광고제 자문위원, 부산울산경남언론학회 총무이사로도 활동했다.

이정기

황우념은 한국 거주 대만인이다. 2020년 2월 한양대학교 신문방송학과에서 박사 학위(지도교수: 이종수)를 취득한 후 국제 커뮤니케이션, 문화 간 커뮤니케이션 연구에 매진하고 있다. 2007년 대만 국립정치대학교 한국어문학과에서 학사 학위를 받았다. 이후 정치대-한양대 교환학생 장학생으로 한국에 유학했고, 2010년 한양대학교 신문방송학과에서 석사 학위(지도교수: 정대철)를 받았다. 한국 유학 시절 "대만인은 왜 한국인을 싫어하는가?" 등의 논문을 통해 대만과 한국 사회에 놓여 있는 문화적 간극을 좁히기 위한 연구를 수행했다. 주요 저서로는 『한류와 혐한 속 한국 이미지의 형성, 변곡, 그리고 반향』(2020), 『대만 방송 뉴스의 현실과 쟁점』(2016), 번역서로는 『樹醫生, 원제: 나무 의사 큰손 할아버지』(2010) 등이 있다. 주요 논문으로는 "<부산행>은 왜 대만 관람객에게 인기인가?"(2017) 등이 있다.

황우념(黃于恬)

CONTENTS

Part 2

외국인 황우념 박사의 사례

Part 1

한국인 이정기
교수의 사례

서문. 누가, 왜 대학원에 가는가

대학원 진학 동기의 다양성

대학원 진학 동기는 다양하다. 나의 경험에 따르면 대학원 진학 동기는 4가지 유형으로 구분될 수 있다. 첫째, 순수 연구자형이다. 이들은 학부 과정 전공 공부를 좋아했고, 전공에 대해 조금 더 심층적으로 이해(연구)해 보겠다는 순수한 생각을 가지고 대학원에 전일제로 입학한 사람들이다. 대학원에 입학하게 되면 연구하는 과정을 좋아하고, 연구 결과가 산출되었을 때 극도의 즐거움을 느끼는 대학원생들이 생각보다 많다는 점에 놀라게 된다. 물론 사람에 따라서는 대학원에 입학했는데, 공부에 즐거움을 느끼는 순수 연구자형이 너무 적다는 점에 실망감을 느끼는 사람도 있다. 연구를 하기 위해 대학원에 입학하고자 하는 사람은 학교의 간판을 보기보다 학교의 연구 환경, 연구 분위기가 어떤지 살펴보려는 노력이 필요하다.

둘째, 연구직 취업 지망형이다. 이들은 석사 학위를 취득 후 국내외에서 박사 학위를 취득한 후 국내에서 연구원이나 교수가 되겠다는 목적의식을 가지고 대학원에 전일제로 입학한 사람들이다. 연구직 취업 지망형은 순수 연구자형과 매우 밀접한 관계를 가진다. 순수하게 전공 분야를 좋아하고, 연구하는 과정에서 자연스럽게 연구원이나 교수를 지망하게 되는 경우가 많기 때문이다. 그러나 교수나 연구원이 되겠다고 대학원에 입학한 사람 중에도 연구에 최선을 다하지 않는 사람이 있다. 따라서 순수 연구자형이 연구직 취업 지망형과 반드시 등치 된다고 볼 수는 없다.

셋째, 학력 상승형이다. 이들은 대학원에 진학하여 학력을 높이고, 변화된 학력을 이용하여 자존감을 높이거나 취업에 도움을 얻길 원한다. 대학원에서 생활하다 보면 학부 졸업 후 취업이 되지 않아 졸업 유예 대신 대학원을 선택하는 사람이 존재하고, 자신이 졸업한 대학에 불만족하여 최종 학위 취득 대학을 변경하고자 하는 사람이 존재한다는 사실을 확인할 수 있다.

넷째, 파트타임형(이직, 승진 활용형)이다. 이들은 직장 생활을 하면서 승진이나 이직을 위한 목적으로 전일제가 아닌 파트타임으로 대학원 공부를 하는 사람들이다. 실무를 중시하는 커뮤니케이션학 분야에서는 실무 경력이 있는 동시에 박사 학위를 가진 사람을 교수로 채용하는 빈도가 높은 편이다. 따라서 언론사나 광고 회사 등에서 일을 하면서 석·박사 학위를 취득한 후 교수가 되는 사람들이 종종 있다. 내가 공부하던 시절 파트타임으로 공부하는 대학원생들 중 정말 열심히 공부하고, 전일제 학생 이상의 연구 실적을 만들어 내는 사람들이 간혹 있었다. 그러나 그보다 더 많은 사람들이 현실적인 이유(?)로 공부를 열심히 하지 않았고, 일부 전일제 학생들의 원성의 대상이 되곤 했다.

이처럼 대학원에 진학하는 사람들의 동기는 다양하다. 위에 제시한 4가지 유형의 대학원 진학 동기 이외에 더 많은 대학원 진학 동기가 있을 수 있다. 중요한 것은 대학원은 이처럼 다양한 목적을 가진 사람들이 함께 공부하는 공간이라는 것이다. 모두 같은 목적으로 대학원에 왔다고 생각하면, 대학원 생활 중 갈등이 발생할 수밖에 없다. 대학원 생활 과정을 원활하게 하기 위해서는 서로 다른 진학 동기를 가진 사람들의 '다름'을 이해하려는 노력이 필요하다.

커뮤니케이션학 대학원

본 책에서 커뮤니케이션학이란 미디어커뮤니케이션학, 신문방송학, 광고홍보학 등 매스커뮤니케이션, 휴먼커뮤니케이션 등 커뮤니케이션을 다루는 학문 영역을 통칭한다. 커뮤니케이션 대학원이란 학부 과정을 마친 사람이 커뮤니케이션학을 전문적으로 연구하기 위해 진학하는 교육 기관을 의미한다.

커뮤니케이션학 대학원은 미디어커뮤니케이션학과, 신문방송학과, 광고홍보학과 학부 과정이 개설된 국내외의 대학에 개설된다. 일반대학원 미디어커뮤니케이션학과, 일반대학원 신문방송학과, 일반대학원 광고홍

보학과와 같이 학부 과정의 명칭을 그대로 대학원에
적용시키는 경우가 대부분이다. 다만, 언론정보대학원
(특수대학원), 일반대학원 언론영상광고학과 등과 같이
미디어커뮤니케이션학, 신문방송학, 광고홍보학과 등
개별 학과가 대학원 과정을 연합하여 운영하기도 한다.
예컨대 동명대학교 일반대학원의 경우 미디어커뮤니케
이션학과와 광고홍보학과가 대학원 언론영상광고학과
를 공동으로 운영한다. 그리고 한양대학교 특수대학원
언론정보대학원의 경우 한양대학교 미디어커뮤니케이
션학과, 정보사회미디어학과, 광고홍보학과가 공동으
로 운영한다. 한편, 이 책에서 커뮤니케이션 대학원은
국내의 일반대학원으로 한정하고자 한다. 국내에서 일
반대학원 석·박사 학위를 취득한 나의 경험에 기반한
정보로 책을 구성하고자 했기 때문이다.

커뮤니케이션학 대학원에 입학한 대학원생들은 언론
학, 광고홍보학, 휴먼커뮤니케이션, 미디어 효과, 문화,
국제커뮤니케이션 등을 포괄하는 미디어와 커뮤니케이
션 전반에 대해 배우게 된다. 예컨대 한양대학교 일반
대학원 미디어커뮤니케이션학과의 경우 커뮤니케이션

、저널리즘, 방송·영상·미디어, 언론법제·정책·언론사, 전략커뮤니케이션·광고·PR이라는 4개 전공 과정을 운영하고 있다. 커뮤니케이션이론, 연구방법론 (양적, 질적) 등의 필수 교과목을 기반으로 전공 영역의 수업을 신청하여 수강한 후 학위 논문을 작성하게 된다. 한양대학교 일반대학원 광고홍보학과는 광고·홍보이론, 연구방법론을 중심으로 광고, PR, 마케팅, 건강커뮤니케이션 등 세부 전공 영역의 수업을 신청하여 수강한 후 학위 논문을 작성하게 된다. 동명대학교 일반대학원 언론영상광고학과는 커뮤니케이션이론과 연구방법론을 기초로 하여 미디어, 저널리즘, 영화, 광고, 홍보 등 세부 전공 영역의 수업을 신청하여 수강한 후 학위 논문을 작성하게 된다. 미디어커뮤니케이션학과, 광고홍보학과, 언론영상광고학과 모두 커뮤니케이션이론과 연구방법론을 기초로 연구 방법에 대해 학습하고, 이후 세부 전공 영역에 대해 학습하게 된다는 공통점이 있다.

커뮤니케이션학 분야가 워낙 광범위하기 때문에 커뮤니케이션을 전공하고자 하는 사람들은 입학 전 특정 대학, 학과에 어떠한 교과목들이 있는지, 학과 소속 교수의 전공이 무엇인지 검토하고, 그 학과에 진학하게 될 경우 과연 어떤 세부 전공을 할 수 있을 것인지 신중하게 검토할 필요가 있다. 올해 71주년이 된 커뮤니케이션학 관련 최대 학회인 한국언론학회는 세부 연구회로 과학보건환경위험 커뮤니케이션 연구회, 광고 연구회, 건강커뮤니케이션 연구회, 문화/젠더 연구회, 미디어경제/경영 연구회, 미디어교육 연구회, 방송과 뉴미디어 연구회, 언론과 사회 연구회, 언론법제윤리 연구회, 인터랙션 연구회, 저널리즘 연구회, 정치커뮤니케이션 연구회, 조직커뮤니케이션 연구회, 종교와 커뮤니케이션 연구회, 지역언론 연구회, 출판과 커뮤니케이션 연구회, 커뮤니케이션 정책 연구회, 커뮤니케이션 철학과 사상 연구회, 커뮤니케이션과 역사 연구회, 통일과 다문화 커뮤니케이션 연구회, 미디어콘텐츠 연구회, 홍보 연구회, 휴먼 커뮤니케이션 연구회 등을 가지고 있다. 각각의 세부 연구회는 커뮤니케이션학 대학원에 입학하여 선택할 수 있는 세부 전공 분야로 볼 수 있다.

나의 대학원 경험

나는 한국에서 학사, 석사, 박사 학위를 취득했다. 2001년 부산의 동명대학교 매스컴학과(신문방송학과, 광고홍보학과의 전신)에 입학하여 공부하던 시절, 한국 사회의 불평등, 표현의 자유라는 주제에 관심을 가지게 되면서 이 분야에 대해 깊이 이해해 보고 싶다는 생각이 들었다. 그리고 이해한 것을 누군 가에게 잘 설명해 주는 일을 해 보고 싶다는 생각이 들었다. 대학원에 입학하겠다고 결심한 이유다.

동명대학교 광고홍보학과 김동규 교수님의 추천으로 2007 년 한양대학교 신문방송학과에 진학했고, 석사(2009년)와 박사 (2013년) 학위를 취득했다. 석사 학위 논문의 제목은 "광우병 촛불 집회에 나타난 미디어 2.0 현상에 관한 연구"다. 그리고 박사 학위 논문의 제목은 "온라인 뉴스 콘텐츠 유통 융합모델 연구"다. 석사 졸업 후 미국에서 박사 학위를 취득해야겠다는 생각이 있었지만, 여러 가지 현실적 이유로 포기했다.

결과적으로 나는 학부 입학 시절부터 박사 졸업까지 지방대 출신, 국내 박사(비유학파)라는 이중적 한계 속에서 공부해 왔다. '내가 과연 인 서울 대학을 졸업하고, 해외에서 박사를 한 사람과 경쟁이 될까'라는 수많은 고민을 했다. 그러나 지방대 출신, 국내 박사라는 한계는 연구 활동을 독려하는 촉매가 됐다.

한양대학교 교수님들의 적극적인 지지 속에 박사 과정 3년 6개월 동안 33편의 논문과 1권의 책을 쓸 수 있었다. 한양대 시절, 석·박사 지도교수님과 대학원 주임교수님은 나를 포함한 대학원생들에게 연구와 관련되지 않은 일들을 거의 시키지 않았다. 열심히 연구하면 잘 될 거라고 끊임없이 독려해 주기도 했다. 박사 과정을 수료한 후에는 한양대, 동명대, 한세대 등에서 강사 활동을 하면서 생활비를 충당했다. 이 시기 나는 박사 학위 취득과 동시에 정년트랙 교수나 국책 연구원에 임용될 수도 있을 것이라고 자만했다.

2013년 2월 박사 학위를 취득했다. 이후 2013년에는 한양대학교 신문방송학과 강의교수(비전임)로, 2014~2017년에는 한양대학교 교수학습지원센터 책임연구원(연구교수)으로 일했다. 졸업 후 비교적 안정적인 직장에서 생활했고, 결혼도 했다. 그러나 교수, 국책 연구원이라는 꿈을 가지고 있었기에 직장 생활 중에도 꽤 많은 대학과 국책 연구소 채용에 지원했다. 1차 서류 전형, 2차 논문 발표 전형은 거의 대부분 합격했고, 최종 면접 심사에서 떨어지는 경우가 많았다. 역시 지방대 출신, 국내 박사의 한계라고 생각했다. 모두 떨어지고, 더 이상 희망이 없다고 판단할 때쯤인 2017년 하반기, 동명대학교 광고홍보학과에 채용 공고가 떴고, 2018년 3월, 그토록 원하던 정년트랙 전임교수로 채용됐다.

나는 비교적 편안하게 공부할 수 있는 환경에서 정말이지 마음껏 공부할 수 있었다. 대학원생, 연구자로서 누릴 수 있는 최대의 호사를 누린 것이다. 이는 나의 능력 때문이 아니라 주변 사람들의 도움 때문에 가능한 일이었다. 대학원 생활을 할 당시 많은 교수님들이 논문에만 전념할 수 있는 환경을 구축해 주었고, 대학 교수 임용에 필수적인 SSCI 논문을 쓸 수 있는 기회를 제공해 주었다. 그리고 박사 학위 취득 후 한양대 교수학습지원센터에서 연구원 생활을 하는 과정에도 센터의 교직원 선생님들께서 연구 업무에만 전념할 수 있게 해 주었다. 연구원 생활 4년 2개월 동안 9편의 저서와 51편의 논문을 쓸 수 있었던 이유다. 지방대, 국내 박사라는 콤플렉스와 연구 성과에 대한 과도한 자만감, 잇따르는 실패에 따른 좌절감 역시 교수진이 잘 관리해 주었다. 이러한 것들이 이유가 되어 결과적으로 교수가 될 수 있었다. 교수가 된 것보다 더 좋은 일은 원하는 연구 활동과 교육 활동을 안정된 환경에서 할 수 있게 되었다는 것이다.

결과적으로 나는 지방대생이 국내 대학원에 입학한 후 박사 학위를 취득하더라도 교수가 될 수 있다고 생각한다. 다만, 여기에는 세 가지 전제 조건이 필요하다. 첫째, 대학과 교수진은 대학원생이 열심히 연구 할 수 있는 환경을 마련해 주어야 한다. 그리고 대학원생의 연구 활동을 지원해야 한다. 둘째, 대학원생 스스로 열심히 연구해야 한다. 셋째, 박사급 연구원이나 교수 채용 과정에서 소위 명문 대학, 해외 박사를 우대하는 사대주의적 분위기를 개선해야 한다.

지원자의 배경이 아니라 오직 연구와 강의 능력과 그리고 인성만으로 채용될 수 있는 환경을 조성해야 한다.

 Part 1의 구성

국내의 커뮤니케이션학 분야 일반대학원 입학, 생활, 논문 전반에 대해 소개하고자 한 **Part 1**은 크게 4개 영역 10개 챕터로 구성된다. 4개 영역은 각각 대학원 소개, 석사 과정 소개, 박사 과정 소개, 국내 대학원 발전을 위한 조건으로 구성된다.

첫 번째 영역은 대학원 소개 영역이다. 본문 1장과 2장에 해당된다. 1장에서는 대학원 유형, 대학원 진학을 위한 요건, 대학원 진학 시 고려 사항 등에 대해 정리했다. 2장에서는 학부와 대학원의 차이가 무엇인지에 대해 정리했다. 첫 번째 영역을 통해 독자들은 일반대학원과 특수대학원에 대해 이해하게 될 것이고, 대학원 과정이 학부 과정과 어떠한 차이가 있는지에 대해 이해하게 될 것이다.

두 번째 영역은 석사 과정 소개 영역이다. 본문 3장부터 5장까지가 이 영역에 속한다. 3장에서는 석사 과정 입학을 위한 준비, 석사 과정 중 종합 시험과 영어 시험, 석사 과정 중 교수 및 동료 대학원생과의 관계 등 석사 과정 생활 전반에 대해 정리했다. 4장에서는 석사 논문을 위한 주제 결정 방법, 석사 논문 심사 과정과 효율적 석사 논문 작성 과정 등 석사 논문에 대해 정리했다. 5장에서는 석사 학위 취득 후 취업할 수 있는 분야를 소개하고, 취업과 진학을 위한 정보를 제시했다.

세 번째 영역은 박사 과정 소개 영역이다. 본문 6장부터 9장까지가 이 영역에 속한다. 6장에서는 박사 과정 생활과 석사 과정 생활의 공통점과 차이점, 박사 과정의 현실적 고민 등을 소개했다. 7장에서는 박사 논문을 위한 준비와 심사 과정, 석사 논문과 차별화되는 박사 논문만의 특징에 대해 정리했다. 8장에서는 박사 과정 중 전문 학술지 논문의 필요성과 준비 과정에 대해 정리했다. 9장에서는 박사 학위 취득 후 취업할 수 있는 분야를 소개하고, 취업을 위한 정보를 제시했다.

네 번째 영역은 국내 대학원 발전을 위한 조건 영역이다. 본문 10장이 이 영역에 해당한다. 구체적으로 10장에서는 학문적 열정을 가진 사회과학 분야 대학원생에 대한 대학과 정부 지원의 필요성에 대해 정리했다.

아울러 해외 박사를 우대하는 사대주의적 대학의 채용 시스템에 대한 자성, 연구자인 대학원생을 존중하는 대학 문화 정착이 국내 대학원 발전을 위한 조건이 될 수 있음을 정리했다.

이 책의 활용

이 책은 두 가지 측면의 목적으로 기획됐다. 첫째, 이 책은 국내의 일반대학원 커뮤니케이션학(미디어커뮤니케이션, 신문방송학, 광고홍보학 등) 석·박사 과정에 진학하고자 하는 사람들에게 나의 경험에 기반한 대학원 정보를 전달하기 위해 기획되었다. 따라서 이 책이 대학원 지망생들의 대학원 진학과 대학원 생활을 이해하는 데 작은 도움을 줄 수 있길 기대한다.

둘째, 이 책은 일반대학원을 운영하고 있는 교수님들에게 국내 석·박사 과정 학생들이 어떠한 고민을 하고 있는지 전달하기 위해 기획되었다. 국내 일반대학원의 성장을 위해서는 대학원생들의 고민을 교수진이 충분히 잘 이해해야 하고, 일정 역할을 해야 한다고 생각하기 때문이다. 이 책이 교수들이 국내 대학원생들의 각종 고민을 이해하는 데 작은 도움을 줄 수 있길 기대한다.

1. 대학원 진학: 사회과학 분야

　대학원에는 어떠한 유형이 있는가. 나는 어떠한 유형의 대학원이 적합할까. 사회과학 분야의 대학원 진학을 위한 요건과 대학원 진학을 위한 고려 사항은 무엇인가. 많은 사람들이 이러한 문제에 대한 고민 없이 대학원 진학을 결정하고 있다. 본 장은 사회과학 분야 대학원 진학을 고민하고 있는 사람들이 무엇을 고민해야 할지에 대해 정리했다.

대학원 유형

　대학원은 대학 4년제 학사 과정을 취득한 후 진학할 수 있는 최상위의 고등교육기관이다. 교육에 방점을 두고 있는 학부 과정과는 달리 대학원은 연구 활동에 방점을 두고 있다. 서울대, 한양대, 부산대, 동명대를 비롯한 대부분의 정규 대학이 대학원을 운영하고 있다. 다만, 일반적으로 대학원은 일반대학원, 특수대학원, 전문대학원 등으로 세분화되어 있다.

구체적으로 일반대학원은 전일제 대학원생이 이론 학습을 위해 진학하게 되는 일반적인 형태의 대학원을 의미한다. 석사 과정과 박사 과정을 운영하는 것이 일반적이다. 석・박사 과정의 경우 학부와 마찬가지로 대부분 주간에 수업이 이루어진다. 대학원 수업 수강을 수료하고, 졸업 시험에 통과한 후, 졸업 논문을 작성해야 졸업이 가능하다. 석사는 2년(4학기) 동안, 박사는 4년(8학기) 동안 수업과 연구 활동이 진행된다. 다만, 일반대학원 석・박사 과정 학습 기간은 본인의 역량에 따라 달라질 수 있다.

특수대학원은 일반적으로 각 분야 실무자들의 실무 역량을 높이기 위한 차원에서 운영되는 대학원을 의미한다. 물론 최근에는 전일제 학생이 특수대학원으로 진학하는 경우도 심심찮게 이루어지고 있다. 석사 과정만 운영하는 특수대학원은 대부분 야간에 수업이 이루어지고, 5학기 등록을 원칙으로 한다. 반드시 졸업 논문을 작성해야 졸업이 가능한 일반대학원과 달리 학위 논문 제출 과정자보다 조금 더 많은 수업을 듣고, 학위 취득 시험을 친 후 졸업을 할 수도 있다. 특수대학원 졸업 후 박사 학위 취득을 위해서는 일반대학원으로 진학해야 한다. 한편, 전문대학원은 전문적 직업인을 양성하기 위해 설립된 대학원이다. 전문대학원에는 의학전문대학원, 치의학전문대학원, 법학전문대학원, 경영전문대학원, 도시대학원, 국제학대학원 등이 있다.

미디어(커뮤니케이션)학, 광고홍보학 등 커뮤니케이션 관련 대학원은 주로 일반대학원과 특수대학원의 형태로 운영되고 있다. 예컨대 한양대학교는 일반대학원인, 미디어커뮤니케이션학과, 정보사회미디어학과, 광고홍보학과, 신문방송학과, 광고홍보학과를 운영하고 있고, 특수대학원인 언론정보대학원을 운영하고 있다. 다만, 동명대학교는 일반대학원 언론영상광고학과만을 운영하고 있다. 본 책은 학부 졸업 후 연구 활동을 위해 진학하게 되는 일반대학원에 방점을 두고 관련 내용을 서술하기로 한다.

대학원 진학을 위한 요건

일반대학원을 졸업하기 위해서는 전공 분야의 지식(학점)과 영어 점수, 졸업 논문이 필요하다. 이를 위해 일반대학원에 진학하고자 하는 학부생은 전공 분야에 대한 깊은 관심과 적정 수준의 영어 능력, 글쓰기 능력을 갖출 필요가 있다.

한양대학교 일반대학원을 졸업한 나의 경험에 따르면 일반대학원 석사 과정을 졸업하기 위해서는 24학점(3학점, 8과목)을 취득해야 한다. 아울러 박사 과정을 졸업하기 위해서는 60학점(3학점, 20과목)을 취득해야 한다. 다만, 석사 과정과 박사 과정이 동일 전공일 경우 석사 과정 이수 학점 중 24학점까지 인정이 가능하기에 36학점(3학점, 12과목) 내외의 학점을 취득해야 한다. 석·박사 과정 모두 수업에 대한 수강은 약 2년 간 이루어진다. 한 학기에 2~4과목 정도의 수업을 들어야 하는 꼴이다. 그리고 정규 수업에 대한 수강이 완료되면, 종합 시험이라고 불리는 졸업 시험을 통과해야 졸업 자격 조건이 주어진다. 종합 시험은 지필 고사 또는 면접 고사의 형태로 이루어지는 것이 대부분이다. 한양대 신문방송학과의 경우 매일 5시간 이상 2일 동안 종합 시험을 치른다. 전공에 대한 관심 없이 대학원에 진학하는 것은 매우 힘든 일이 될 수 있다.

앞서 일반대학원에서 수업을 들을 때, 2년 동안 매 학기 적게는 2과목에서 많게는 4과목을 수강해야 한다고 언급한 바 있다. 문제는 대부분의 강의가 원서 혹은 해외 학술지 논문으로 진행된다는 것이다. 논문을 쓸 때 참고해야 할 각종 자료들의 상당수도 해외의 자료인 경우가 많다. 따라서 일반대학원에 진학하고자 하는 학부생들은 최소한의 영어 독해 능력을 갖출 필요가 있다. 더구나 대부분의 일반대학원의 경우 졸업 요건으로 외국어 시험 제도를 두고 있다. 예컨대 한양대학교의 경우 일반대학원 석·박사 학위 취득을 위한 조건으로 모국어를 제외한 영어나 한국어 중 한 과목을 선택하여 치르도록 규정하고 있다. 인문사회 계열의 경우 토익 730점 정도의 수준일 때 졸업이 가능하다. 대학원 진학을 위해 최소한의 영어 수준이 필요한 이유다.

대학원 수업은 대부분 논문이나 책을 읽고, 요약한

후 발표하고, 교수와 동료들의 피드백을 받는 과정으로 이루어진다. 학기말에는 소논문 형태의 기말 과제를 제출하는 경우가 일반적이다. 매 학기 2~3편의 소논문을 작성해야 하고, 졸업을 위해서는 졸업 논문을 작성하고 수정하는 과정을 반복해야 한다. 따라서 일반대학원 커뮤니케이션학 분야 대학원생은 글쓰기가 일상이 되어야 한다. 대학원 진학을 위해 글쓰기에 대한 최소한의 관심이나 능력이 필요한 이유다.

대학원 진학 시 고려 사항

대학원 진학 시 고려해야 할 점은 무엇일까. 약 6년간의 대학원 생활과 7년간의 대학 강사, 연구원, 교수 생활을 한 나는 대학원 진학을 준비하는 학부생은 4가지 요소를 고려해야 한다고 생각한다.

첫째, '사회와 인간에 대한 관심과 애정이 있는가'에 대한 고려가 필요하다. 커뮤니케이션학은 사회과학이다. 모든 사회적 현상과 인간의 행동이 사회과학 논문의 주제다. 사회와 인간에 대한 관심과 애정이 있다면 연구 주제의 선정과 논문 집필 과정이 즐거울 수밖에 없다. 자신의 논문이 사회와 인간을 위해 기여할 수 있을 것이라는 믿음이 대학원 생활에 대한 동기를 부여해 줄 것이기 때문이다. 물론 최종 학력을 높이기 위한 진학, 승진을 위한 진학, 취업 유보를 위한 진학 등이 반드시 나쁘다는 것은 아니다. 다만, 사회와 인간에 대한 순수한 애정을 가지지 않은 목적 지향적 사회과학 분야 대학원 진학은 대학원 과정에서의 즐거움을 반감시킬 수밖에 없다.

둘째, '대학에 자신이 원하는 분야를 연구하는 교수가 있는가'에 대한 고려가 필요하다. 대학교수는 자신이 전공하고 있는 매우 미시적 분야의 전문가들이다. 같은 커뮤니케이션학 영역에 속한다고 해도 저널리즘 연구와 뉴미디어 연구, 수용자 연구, 광고 연구, 홍보 연구, 마케팅 연구는 이질성이 존재한다. 커뮤니케이션 영역을 전공하고자 하는 사람은 평소 자신이 커뮤니케이션학 영역 중 어떠한 분야에 관심이 있는지에 대해 고민해야 한다. 아울러 자신이 전공하고자 하는 분야의 연구 활동을 활발히 진행하는 교수가 있는 대학에 진학해야 한다. 그래야 본인의 연구 활동에 도움을 받을 수 있다. 교수의 전공, 연구능력과 상관없이 단순히 명문대학의 대학원에 진학하는 것만으로 좋은 연구자가 될 수 있다고 믿는다면 큰 착각이다.

셋째, '수업이 어떠한 방식으로 이루어지는가'에 대한 고려가 필요하다. 일부 대학원의 수업은 원서와 해외 논문을 주로 활용하고, 일부 대학원의 수업은 국문책과 논문을 주로 활용한다. 적절한 해외 문헌을 활용한 수업은 자연스럽게 외국어 능력을 높일 수 있고, 졸업 논문 작성 시 활용 가능성도 높일 수 있다. 그러나 영어에 자신이 없는데 완전히 영어로 진행되는 수업에 참여할 경우 수강 자체가 괴로운 일이 될 수 있다. 때로는 졸업이 늦춰질 수도 있다. 일부 대학원은 1학기 입학생이 10명 이상이지만, 일부 대학원은 1학기 입학생이 5명 이하다. 대학원생이 많으면 연구에 도움을 얻을 수 있고, 대학원 생활 과정의 고민들을 나눌 수 있다는 측면의 장점이 있다. 그러나 많은 대학원생은 조교, 프로젝트 참여 기회가 그만큼 적어진다는 것을 의미하는 것이기도 하다. 일부 대학원은 한국 학생이 중심이 되지만, 일부 대학원은 유학생이 중심이 되어 수업이 진행된다. 대학원에 유학생이 많을 경우 대학원에서 글로벌 감각을 함양할 수 있고, 외국인 대상 연구에 도움을 얻을 수 있다는 장점이 있다. 그러나 유학생이 한국어에 익숙하지 않을 경우 토론식 수업 위주의 대학원 수업 분위기를 망칠 수도 있다. 각 대학원이 어떠한 방식으로 수업을 진행하는지, 본인이 어떠한 환경에서 공부할 때 안정적으로 공부할 수 있을 것인지에 대해 충분한 고려를 한 후 입학할 대학원을 선택하는 것이 좋다.

넷째, '특정한 전공으로 졸업한 후의 비전이 있는가'에 대한 고려가 필요하다. 물론 연구 자체를 좋아하는 사람들이 대학원으로 가는 것도 좋다. 다만, 특정 직업이 없이 전일제로 공부하고자 하는 대학원생이 되길 원한다면 해당 전공 분야의 졸업생들이 취업할 수 있는 분야에 대한 충분한 검토가 선행될 필요가 있다. 대학원을 졸업하더라도 취업이 되지 않는 석·박사들이 없지 않기 때문이다.

2. 학부와 대학원의 차이

학부와 대학원 공부는 어떠한 차이가 있을까. 형식적으로 볼 때, 대학원은 학부에 비해 입학생의 수와 수강 과목 수가 적다. 학습자 주도적 학습을 진행해야 한다. 학습의 양은 많아지고, 밀도는 높아진다. 그러나 공부하는 과정에서 학부에서 느낄 수 없었던 궁극의 학술적 즐거움을 느낄 수 있게 되기도 한다. 이 챕터에서는 학부와 대학원의 차이에 대해 정리했다.

학부와 대학원의 3가지 차이

대학원은 학사 학위 과정(학부 과정)과는 몇 가지 차이를 가지고 있다. 입학생의 수와 수강 과목의 차이, 지도교수 제도의 차이, 연구 및 실습 조교 제도의 차이가 그것이다. 대학원과 학부 과정의 핵심적 차이 3가지를 정리하면 다음과 같다.

첫째, 입학생의 수, 수강 과목에서 차이가 존재한다. 2001년 학부 과정에 입학할 당시 80명의 동기가 있었다. 그중 우리 분반은 40명이었다. 현재 내가 재직하고 있는 대학의 정원은 학년당 40명이다. 일반적으로 커뮤니케이션학 관련 학과는 학년당 30명에서 40명의 정원으로 운영된다. 학부생들은 졸업 기준에 맞춰 원하는 수업을 자유롭게 신청하고, 학점을 취득한 후 졸업하게 된다. 한 학기에 20학점을 수강한다고 가정했을 때, 전공과목은 5~6과목, 교양과목은 1~2과목을 듣게 된다. 한 학기에 많은 교수의 수업을 듣다 보니 특정 학기에 한 교수의 수업을 졸업할 때까지 한 번도 듣지 않거나 (그 수업이 필수지정 과목이 아니라면) 과제가 너무 많거나 어려운 수업을 의도적으로 피한다고 해도 어렵지 않게 졸업할 수 있다. 학부 시절, 나는 사회조사방법론 (통계분석 수업)이라는 전공 수업을 수강할 당시 그 수업이 너무 어렵게 느껴져서 수강을 철회하고, 다음부터 그 교수님의 수업을 듣지 않았던 기억이 있다. 그래도 졸업에 전혀 문제가 없었다.

그러나 대학원생은 동기가 많아도 10명을 넘지 않는다. 한양대학교 일반대학원 신문방송학과의 석사 과정 동기(2007년)는 10명 내외였다. 이후 한양대학교 일반대학원의 입학생은 한 학기 5명 내외였던 것으로 기억한다. 한 학기에 들어야 할 과점은 9학점이었다(3과목, 석사 과정의 경우 졸업까지 8과목, 24학점). 한양대학교의 경우 서울캠퍼스와 ERICA캠퍼스의 전임교원분들이 모두 대학원 수업을 진행하셨기 때문에 대학원생이었던 나 역시 거의 모든 교수님의 수업을 들어야 했다. 더구나 대학원 수업 수강생은 5~10명 정도였다. 모든 교수님들이 수업을 듣는 수강생들을 정확히 파악할 수밖에 없는 구조였다.

둘째, 지도교수 제도에서 차이가 존재한다. 학부 과정에도 지도교수(혹은 멘토링 교수, 담당 교수)가 존재한다. 그러나 학부 과정의 지도교수는 한 학년당 약 10~20여 명의 학적을 관리해 주는 관리형 교수님에 가깝다. 학교생활과 졸업 논문 작성 전 과정을 꼼꼼하게 지도해 주는 지도교수는 아니다. 그러나 대학원의 지도교수는 대학원생들의 생활 전반과 논문 작성 전반을 1:1로 지도한다. 예컨대 석사 과정이 2년 진행된다고 할 때, 지도교수는 짧게는 1년, 길게는 2년 동안 대학원생을 밀착 지도하게 된다. 박사 과정의 경우 지도교수는 석사 과정보다 훨씬 더 오랜 시간 동안 대학원생을 밀착 지도하게 된다.

셋째, 조교 제도가 존재한다. 대학원에 입학하게 되면, 연구 조교나 실습 조교를 하게 되는 경우가 일반적이다. 여기에서 조교는 특정 학과의 학사 과정 전반에 대한 서비스를 제공하는 직원으로서의 조교를 의미하는 것이 아니다. 연구 조교는 특정 교수의 연구실에 소속되어 해당 교수의 연구 활동을 보조하는 역할을 담당한다. 그리고 실습 조교는 특정 학과의 실험, 실습실의 관리를 담당하는 역할을 한다. 연구 조교와 실습 조교 모두 등록금의 일정 부분을 감면받는 혜택을 받게 된다. 나는 석사 과정 시절에는 미디어커뮤니케이션학과 정대철 교수님의 연구 조교를 담당했고, 박사 과정 시절에는 서울과 ERICA 캠퍼스 언론고시반의 실습 조교를 담당했다. 물론 대학원생 수가 적은 일부 대학의 경우 연구 조교 및 실습 조교 제도가 없다. 연구 조교와 실습 조교를 통해 대학원 등록금을 보조받고자 하는 사람들은 사전에 해당 대학원에 이 제도가 있는지에 대해 확인할 필요가 있다.

수업 방식의 차이

커뮤니케이션학 영역의 학부 수업은 일반적으로 교수의 강의와 학생 발표를 중심으로 이루어진다. 전공 수업의 경우 적게는 20명, 많게는 40명 이상이 한 반에서 수업을 듣는다. 학부 과정에서 흔히 볼 수 있는 전통적인 방식의 커뮤니케이션학 이론 수업의 경우 교수가 강의를 주도한다. 학생들은 교수의 강의를 듣고, 때로는 의문 사항을 질문하기도 한다. 교수는 학생들에게 과제를 주고, 학생들은 가정에서 과제를 수행한다. 대부분의 과제는 수업 시간에 발표되고, 교수와 수강생들의 피드백을 받게 된다. 물론 최근 대학 교육의 혁신을 모색하는 일부 대학들은 학생들이 주도하는 수업

환경을 구축하기 위해 거꾸로 학습(Flipped Learning), 문제중심학습(Problem Based Learning)과 같은 혁신 교수법을 도입하기 위한 노력을 기울이고 있다. 여기에서 거꾸로 학습은 가정에서 온라인을 활용하여 이론 학습을 진행하고(사전 학습), 학교에서 토론 등 심화학습(사후 학습)을 진행하는 방식의 교수 방법론이다. 문제중심학습은 교수가 학생들에게 시나리오 형태의 문제를 주면, 학생들이 그 문제를 해결해 나가는 과정을 중시하는 역량 중심의 교수 방법론이다.

대학원 수업은 기본적으로 거꾸로 학습(Flipped Learning형 학습)이라고 볼 수 있다. 대학원 수업은 대학원생들이 수업에 오기 전에 이미 수업에서 다룰 내용을 학습하고, 수업에서는 발표와 토론 등을 진행하는 방식으로 진행되기 때문이다. 한양대학교 일반대학원 석·박사 과정의 경험에 비추어 볼 때, 대학원 수업은 전공필수 교과목 등 특별한 경우가 아니라면 5~10명 정도가 한 반을 이루어 세미나식으로 진행된다. 수업 전 교수는 학생들이 읽어야 할 과제의 목록을 제시한다. 대부분의 과제는 책이나 논문을 읽고, 요약한 후 비평하거나 새로운 연구 아이디어를 제시하는 방식으로 이루어진다. 매주 대학원생들은 과제를 제출해야 하고, 자신의 과제를 나누어 발표한다. 이때 교수는 대학원생이 책이나 논문을 제대로 읽었는지 평가하고, 잘못 읽은 부분을 바로잡는 소강의를 진행한다. 대학원생들은 학기말 해당 수업과 관련된 소논문(대체로 문제제기, 이론적 논의, 연구방법론까지 작성한 경우가 일반적)을 제출한다. 교수는 매주 차 제시한 과제와 소논문, 출석 등을 기준으로 성적을 부여한다. 결과적으로 대학원 수업은 학부 수업에 비해 학습자들의 자기주도적 학습이 극대화된 수업의 형태라고 할 수 있다.

학습의 양과 밀도

학부에서 학생들은 한 학기 21학점을 기준으로 7~8 과목을 수강하게 된다. 반면, 대학원은 한 학기 9학점을 기준으로 3과목을 수강하게 된다. 수강 과목 수가 줄어들었기 때문인지 대학원에 입학한 일부 대학원생들은 대학원 생활이 대학 생활보다 편할 것이라고 생각하는 경향이 있다. 물론 몰지각한 일부 파트타임 대학원생들의 경우 직장을 핑계로 출석을 잘 하지 않거나 과제를 제출하지 않는다. 그들은 대학원이 대학 시절보다 편할 것이다. 나는 일부 파트타임 대학원생들의 이러한 방만한 태도는 결국 이러한 상황을 이해하고 넘어갔던 교수들의 문제라고 생각한다. 그러나 전일제로 공부하는 대학원생, 특히 공부를 통해 연구원이나 교수가 되고자 하는 대학원생의 경우 한 학기 3과목 수강이 학부 10과목 수강 이상으로 힘들 수밖에 없다.

우선 많은 대학원이 영어 교재나 논문으로 수업을 진행한다. 그리고 앞서 언급했듯 대학원 수업은 학습자의 자기주도적 학습이 극대화된 형태의 세미나식 수업, 토론식 수업이 대부분이다. 한 학기당 3~4과목을 수강했던 석사과정 시절의 나는 1과목을 2일씩 나누어 공부했다. 석사 과정 초기, 나는 과목당 배정 시간 2일 중 1일은 영어 교재나 논문을 번역하는 데 활용했고, 나머지 1일은 내용 요약 및 연구 아이디어 작성 과제를 하는 시간으로 활용했다. 일주일 중 6일이나 7일을 꼬박 공부해야 겨우 과제를 제출할 수 있었다. 즉 석사 과정 초기, 나는 대학원 공부가 학부 공부의 10배 이상 어렵다고 느꼈다. 물론 사람은 적응의 동물이다. 대학원 수업에 익숙해지면서 과제 작성 시간은 단축된다. 그러나 단언컨대 대학원 과정의 공부량과 밀도는 학부 과정의 공부량과 밀도에 비해 높다.

학문의 즐거움

나는 학부 시절부터 커뮤니케이션학 공부에 대해 흥미를 가지고 있었다. 그렇기 때문에 대학원에 진학했다. 그러나 대학원 입학 후 커뮤니케이션 공부가 생각했던 것보다 어렵다고 생각하게 됐다. 다만, 한편으로는 대학원 공부가 학부 공부에 비해 훨씬 재미있다고 생각하게도 됐다. 커뮤니케이션학 전반을 교수 주도의 강의를 통해 학습하게 되는 학부와 달리 대학원에서는 자신이 관심을 가진 매우 미시적인 분야의 학문을 자기주도적으로 공부할 수 있기 때문이다. 즉 대학원에서 학생들은 자발적으로 전공하고자 하는 분야를 선정하고, 관련된 연구만을 집중적으로 진행할 수 있다. 따라서 연구를 좋아하는 사람들에게 대학원은 학부 과정이 줄 수 없었던 압도적인 즐거움을 제공할 수 있다.

3. 석사 과정 생활

석사 과정 입학은 서류 전형과 면접 전형으로 이루어진다. 서류 전형은 학업계획서와 지원자의 대학 성적, 면접 전형은 전공에 대한 지식, 학문에 대한 열정, 적성 등이 평가 요소다. 대학원 석사 과정을 졸업하기 위해서는 전공과목 수강, 졸업 논문 작성과 함께 종합 시험과 영어 시험에 통과해야 한다. 이 챕터에서는 석사 과정 입학과 졸업을 위한 조건에 대해 소개하고, 석사 과정 생활에서 상당 부분을 차지하는 교수와의 관계, 동료 대학원생들과의 관계에 대해 소개했다.

석사 과정 입학을 위한 준비

대부분의 대학원 입학은 서류 전형과 면접 전형으로

이루어진다. 서류심사의 기준은 지원자가 작성한 학업계획서와 지원자의 대학(대학원) 성적 등이다. 일부 대학원은 영어 성적이 없으면 지원 자체가 불가능하기도 하다. 예컨대 서울대학교 대학원 사회과학대학(언론정보학과 포함)은 텝스 387점이나 토플 IBT 99점 이상자만 지원할 수 있게 했다. 다만 대부분의 대학은 입학이 아니라 졸업을 위한 조건으로 영어 점수를 규정하고 있다.

학업계획서에는 자기소개, 진학 동기, 연구 계획 등을 기술하는 것이 일반적이다. 면접심사의 기준은 전공에 대한 지식, 학문에 대한 열정과 지식, 전공에 대한 적성 등으로 구분된다. 보통 석사 과정 면접은 해당 학과 교수 중 몇 분이 참석한 상황에서 이루어진다. 교수들이 여러 분 계시고, 지원자가 한 명씩 입장하여 질문에 답하는 방식의 면접이 있을 수 있고, 교수가 여러 분 계시고, 복수의 지원자가 입장하여 질문에 답하는 방식의 면접이 있을 수 있다. 학교에 따라 면접 내용에는 차이가 존재하겠지만 간단한 자기소개, 연구 계획, 지원 동기 등으로 구성되는 것이 일반적이다. 2007년 상반기 석사 과정 면접 전형에서 K대학은 전공영어책의 한 챕터를 소리 내어 읽게 한 후 해석하라고 요구하기도 했다.

2000년대 후반까지만 하더라도 서울 시내 대학원의 경쟁률은 상당히 높았다. 한양대학교 일반대학원 신문방송학과 석사 과정 입학 당시 20여 명이 지원했고, 그중 10여 명만 합격했던 기억이 있고, 박사 과정 입학 당시 신문방송학과에 배정된 인원이 너무 적어서 석사 과정에서 공부를 한 선배와 동기가 탈락했던 기억도 있다. 결과적으로 석사 과정에 입학하기 위해서는 전공 영역에 대한 관심과 영어 공부와 대학 성적 관리가 필요하다. 특히 대부분의 대학원의 경우 영어 성적이 입학에 영향을 주지 않을 수 있다. 그러나 영어 능력은 대학원 생활과 졸업을 위해서 반드시 필요하다.

종합 시험과 영어 시험

종합 시험과 영어 시험은 석사 과정에서의 수업 이수, 논문 작성과 함께 석사 학위 취득을 위한 필수 조건이다. 종합 시험은 대학원 수업에서 배운 커뮤니케이션이론, 연구방법론 등에 대해 얼마나 잘 이해하고 있는지 평가하는 시험이다. 일종의 졸업 시험의 성격을 갖는다. 한양대학교 일반대학원 신문방송학과의 경우 커뮤니케이션이론과 연구방법론, 그리고 본인이 선택한 1과목에 대해 석사 과정 3기(입학 후 3번째 학기)에 치러진다. 영어 시험은 영어 능력에 대한 평가로 토익, 토플, 텝스 등의 성적으로 대체될 수도 있다. 한양대학교 일반대학원의 경우 토익 730점, 토플 IBT 79점, 텝스 329점 이상을 취득할 경우 영어 시험에 합격 처리된다. 나는 석사 과정의 모든 수업을 다 이수하고도 종합 시험에 통과하지 못하거나 영어 시험에 통과하지 못해 졸업이 유보되는 경우를 꽤 많이 봤다. 석사 학위 취득을 위해 석사 과정 중 전공 공부와 영어 공부는 필수적이다.

교수와의 관계

학사 과정에 비해 석사 과정은 교수님들과 더욱 밀접한 관계를 맺으면서 생활하게 된다. 교수는 대학원생의 지도교수나 논문 심사위원의 역할을 담당하게 된다. 일반적으로 대학원생들은 자신이 관심을 가지고 있는 연구를 하는 교수를 지도교수로 선택하게 된다. 그리고 논문 작성의 전 과정에서 교수는 대학원생에게 조언하는 역할을 담당한다. 주로 수업 시간에 만남을 갖지만 학사 과정에 비해 교수-학생 관계가 깊어질 수밖에 없는 구조다. 물론 때로는 대학원생의 아이디어가 지도교수에게 받아들여지지 않거나 사제 간 커뮤니케이션이 원활하지 않아 스트레스를 받는 대학원생도 존재한다.

일부 대학원생은 교수의 연구 활동을 돕는 연구조교나 학과의 실험, 실습실을 관리하는 실습조교의 역할을 담당하게 된다. 특히 연구조교의 경우 교수와 보내는 시간이 훨씬 많아질 수밖에 없다. 한양대학교 대학원 석사 과정 시절, 연구조교는 교수의 연구실 안에서 같이 생활했다. 대부분의 교수 연구실 한편에는 연구조교를 위한 책상과 컴퓨터가 마련되어 있었다. 연구조교는 교수가 오는 시간에 맞춰 출근하고, 교수가 퇴근하는 시간에 맞춰 퇴근하면서 교수의 연구 활동을 보조한다. 연구조교의 담당교수가 지도교수일 경우 지도교수에게 받을 수 있는 논문 피드백의 양이 훨씬 많아질 수 있기 때문에 연구에 많은 도움을 얻을 수 있다. 그러나 교수 개인에게 배정되는 연구조교 제도가 없는 대학도 상당수 존재한다. 대학원 규모가 작은 지역 대학의 경우 대부분 연구조교 제도를 가지고 있지 않다.

만약, 지도교수 혹은 대학의 다른 교수가 언론학, 광고학, 홍보학 관련 학회의 회장이나 편집위원장 등으로 당선될 경우 석사 과정 대학원생들이 학회의 일을 도와야 할 수도 있다. 입학한 대학원의 소속 교수가 학회 회장이 될 경우 총무, 행정, 연구 간사 등 간사의 일을 하게 될 수 있고, 학보 편집위원장이 될 경우 편집 간사의 일을 하게 될 수 있다. 학회의 총무, 행정, 연구 간사는 커뮤니케이션학계 전반에 대한 이해에 도움이 되고, 편집 간사는 학술지 논문 게재의 과정을 미리 체험할 수 있다는 측면에서 박사 과정에 진학하고자 하는 석사 과정 학생들에게 도움이 될 수 있다. 일반적으로 학회의 간사들에게는 많지는 않지만 간사 월급도 나온다. 다만, 석사 과정 중 지도교수를 돕는 과정에서 학업에 소홀하게 될 우려도 없지 않다. 몇몇 뉴스의 보도에 따르면 과거 일부 몰지각한 교수들은 연구 이외의 사적인 업무를 연구조교나 간사들에서 시키거나 제자들의 연구실적을 가로채는 등 이른바 '갑질'을 했다고도 했다.

동료 대학원생과의 관계

일반대학원 석사 과정은 학사 과정 4년을 마무리한 후 2년간 진행된다. 대학원은 연구를 하는 능력, 전공에 대한 전문성을 함양하기 위한 목표를 가진 기관이다. 그러나 대학원 입학생들의 상황과 목표에는 차이가 존재하기 마련이다. 예컨대 학사 과정을 마친 후 바로 석사 과정에 입학하는 학생이 있고, 학사 졸업 후 직장 생활을 하다가 석사 과정에 입학하는 학생이 있으며, 직장 생활과 대학원 생활을 병행하는 사람도 존재한다.

외국인 유학생들의 국내 대학원 입학도 많아지고 있다. 학위 취득, 한국 생활 경험, 취업 등 외국인 유학생들의 진학 목적도 다양하다.

결과적으로 석사 과정 동기이지만 나이, 국적, 사회생활 경험, 경제적 수준, 진학 목적이 다른 경우가 존재한다. 만 26세에 석사 과정에 입학한 나의 동기 중 박사가 된 사람은 3명에 불과하다. 그중 한 명은 직장생활을 하다가 대학원에 진학한 사람으로 나보다 나이가 많은 형이었다. 석사 학위 취득 후 그는 미국으로 유학을 떠났다. 나머지 한 명은 나보다 나이가 어린 동생이었는데, 석사 학위 취득 후 나보다 조금 늦게 박사과정을 시작했다. 외국인 유학생(중국 국적) 2명은 석사 학위 취득 후 중국으로 돌아가서 직장 생활을 하고 있고, 다른 한국인들 역시 석사 학위 취득 후 직장 생활을 하고 있다. 동료 대학원생들이 함께 어려운 대학원 공부를 하는 과정은 대학원생 간의 유대관계를 높이는 요인이 되곤 한다.

그러나 대학원 생활 동안 인간관계와 커뮤니케이션의 문제로 스트레스를 받는 사람들도 많다. 학부 과정을 마치고 대학원에 입학한 석사 과정생들은 입학 동기는 다를지언정 저마다 개성이 강하다는 공통점이 있다. 그래서인지 자신만의 세계에 빠져서 타인의 관점을 무시하고, 학문 공동체 생활을 중시하지 않는 사람들을 종종 볼 수 있다. 취업을 준비한다는 이유로 직장이 있다는 이유로 열심히 공부하지 않는 대학원생들과 선을 긋고 그들을 낮게 평가하는 사람들도 있다. 그렇다고 그 사람이 열심히 공부하는 것도 아니다. 직장을 가졌다는 이유(바쁘다는 이유)로 수업, 연구 활동에 최선을 다하지 않는 사람들도 있다. 그들은 학위 취득을 위해 상당 부분 전일제 대학원생들에게 의지한다. 이와 같은 상황의 반복은 대학원에서 연구에 전념하고자 하는 평범한 대학원생들의 스트레스를 가중시키게 된다.

석사 과정 대학원생들은 동료 대학원생이 나와는 다른 사람이라는 것을 인정하고, 서로에게 부담을 주기보다는 학문적 성장에 도움을 줄 수 있는 관계가 되기 위한 노력을 기울일 필요가 있다. 부당하거나 부담을 주는 행위에 대해서는 단호하게 거절할 수 있는 용기도 필요하다. 그래야 즐거우면서도 의미 있는 대학원 생활을 할 수 있다.

4. 석사 논문

석사 논문은 특정 커뮤니케이션 현상에 대한 체계적 정리와 분석을 통해 해당 분야에 대한 전문가로서의 역량을 보여 주는 정도면 충분하다. 그렇다면 석사 논문을 위한 주제는 어떻게 결정해야 할까. 석사 논문 주제는 어떠한 단계를 거쳐 결정되는 것이 바람직할까. 논문 작성 후의 심사 과정은 어떠하며, 석사 논문의 효과적 작성을 위해서는 어떠한 노력을 기울여야 할까. 이 챕터에서는 나의 경험에 근거하여 이러한 문제에 대한 해답을 정리했다.

석사 논문 작성을 위한 주제 결정

커뮤니케이션학을 연구하기 위해 대학원을 선택할

때, 어떤 대학의 어떤 학과에 진학할 것인지 결정하는 것은 중요한 일이다. 그러나 대학원 선택 시 고려해야 할 더 중요한 부분이 있다. 바로 교수의 전문성과 연구 역량이다. 교수의 전문성과 연구 역량은 대학원생이 학위 논문을 효율적으로 작성하는 데 도움이 된다. 다만, 교수의 전문성과 연구 역량은 대학원에 진학하고자 하는 지원자의 관심사와 일치해야 한다.

대학원에 입학하고자 하는 지원자들은 자신이 평소에 어떤 부분에 관심을 가지고 있는지, 대학원에서 어떤 연구를 할 것인지에 대해 고민해야 한다. 각종 학술지 논문 검색 사이트를 통해 미디어커뮤니케이션학, 신문방송학, 광고홍보학 분야에 어떤 논문이 쓰이고 있는지 검색하는 것이 자신의 연구 방향 결정에 도움을 줄 수 있다. 관심을 가진 주제가 결정되면 진학하고자 하는 대학에 그 주제를 전공하고 있는 교수가 있는지 확인해야 한다. 관심을 가지고 있는 주제에 대해 전문성을 가진 교수가 있는 대학원에 입학하게 될 경우 관심 주제의 논문을 효율적으로 작성하게 될 가능성이 높아진다.

만약 대학원 입학 후 자신이 관심을 가진 주제를 전

공하는 교수가 없다면, 지도교수에게 자신이 관심을 가진 주제가 충분히 논문이 될 수 있다는 것을 납득시킬 필요가 있다. 자신이 즐거울 수 있는 논문을 작성하는 것이 논문 작성의 효율성을 높일 수 있기 때문이다. 나는 2009년 "광우병 촛불집회에 나타난 미디어 2.0 현상에 관한 연구"라는 제목의 석사 논문을 작성했다. 평소 집회 현장에서 사람들의 미디어 이용 행태에 관심을 가지고 있었기 때문에 어렵지 않게 논문 주제를 선정할 수 있었다. 그러나 나의 지도교수는 미디어 역사 전공자였다. 나는 이 주제의 중요성에 대해 지도교수에게 설명했고, 지도교수는 흔쾌히 해당 주제로 논문을 쓰라고 허락했다. 나는 매우 즐겁게 석사 논문을 작성할 수 있었다. 관심이 없는 주제를 억지로 선택하여 논문으로 작성하게 될 경우, 그리고 그 주제가 지도교수의 관심 주제도 아닐 경우 논문 작성의 효율성은 떨어질 수밖에 없다. 한편, 석사 과정 중에도 특별히 관심을 가진 주제를 발견하지 못할 경우 지도교수가 전문성을 가진 분야나 지도교수가 추천하는 분야로 논문을 작성하는 것이 차선책이 될 수 있다.

석사 논문 주제 결정의 단계

나의 경우 석사 논문의 주제를 다음과 같은 4단계를 통해 확정지을 수 있었다. 1단계는 관심 있는 연구 아이디어 정리 단계다. 나는 연구 아이디어가 생각날 때마다 아이디어를 노트에 기록했다. 2단계는 아이디어가 실제로 연구가 될 수 있을지에 대한 검토 단계다. 나는 내 아디이어와 관련된 연구가 있는지 검토했고, 실현 가능성이 있는 연구와 실현 가능성이 없는 연구를 구분하는 작업을 했다. 3단계는 관심 있는 연구 아이디어와 관련 연구의 목록을 정리하는 단계다. 특정 주제로 논문을 쓰게 될 경우 참고할 수 있는 연구들이 어떤 것인지, 그 연구들과 내가 쓰고자 하는 논문의 차이점이 무엇인지 정리했다. 4단계는 지도교수 검토의 단계다. 지도교수에게 이 논문을 쓰게 될 경우 어떤 논문을 참고할 수 있는지, 어떠한 차별성이 있을지 설명하고, 주제를 확정 받는 단계다.

석사 논문의 목적은 특정 사회적 현상에 대한 체계적 정리와 분석을 통해 해당 분야에 대한 전문가로서의 역량을 함양하는 것이다. 특정 커뮤니케이션 현상에 대해 체계적으로 정리하고 분석해 낼 수 있는 주제를 잘 선택한다면, 그 이후의 논문 작성 과정은 생각보다 어렵지 않을 수 있다.

석사 논문 심사 과정

석사 논문은 석사 과정 3기(3학기)부터 본격적으로 쓰게 된다. 물론 석사 논문을 위한 아이디어는 석사 과정 1~2기 때부터 생각할 수 있다. 논문 아이디어 결정은 빠르면 빠를수록 좋다. 논문 준비 시간을 더 많이 확보할 수 있기 때문이다. 석사 논문의 아이디어는 개인이 생각해 낸 아이디어를 지도교수와 면담을 통해 확정하는 경우가 일반적이다. 다만, 지도교수가 석사 과정 학생에게 아이디어를 제안하는 경우도 종종 있다.

나는 석사 과정을 4학기(2년) 만에 졸업했다. 석사 과정 4학기 중 1학기에는 수업만 들었고, 2학기에는 수업을 듣는 동시에 영어 시험을 쳤다. 3학기에는 수업을 듣는 동시에 석사 학위 논문 계획서(이른바 **proposal**)를 작성한 후 발표했다. 일반적으로 석사 학위 논문 계획서는 서론(문제제기 및 연구목적), 이론적 논의, 연구 문제 및 연구 방법까지 작성하게 된다. 석사 학위 논문 계획서 발표는 3학기 기말고사 즈음에 학과의 모든 교수들과 선후배들 앞에서 진행했다. 학위 논문 발표 계획서 발표회에서 긍정적인 평가를 받으면 석사 학위 논문을 계속 진행하게 된다. 나는 발표 직후부터 참여관찰과 인터뷰 등을 통해 연구결과 작성을 위한 데이터를 수집했고, 4학기 초중반 논문의 초안을 완성한 후 지도교수에게 제출했다. 물론 논문 작성 중 수시로 지도교수의 피드백을 받았다. 지도교수는 논문 초고 검토 후 석사 논문 심사 일정을 정했다.

일반적으로 석사 논문의 심사위원은 지도교수를 포함한 학과 내부 교수 3명으로 구성된다. 내 논문은 참여 관찰과 인터뷰를 통해 광우병 촛불집회에서 참여자들의 1인 미디어 이용행태를 분석하는 질적인 논문이었다. 이에 미디어 역사 전공인 지도교수(정대철 교수님)는 나와 상의하여 질적 연구 방법론에 정통한 심사위원장(이종수 교수님)과 미디어 정책과 뉴미디어에 전문성을 가진 심사위원(전범수 교수님)을 심사위원으로 선정한 후 3차례의 심사 일정을 정했다.

석사 논문 심사는 3회로 진행되는 것이 일반적이다. 나의 경우 1차 심사는 심사위원에게 논문 초고를 제시하고, 논문의 결과를 요약하여 발표한 후 논문의 구조, 방법론 적용의 타당성, 연구결과의 심층성 등에 대해 피드백을 받는 방식으로 이루어졌다. 2차 심사는 1차 심사에서 지적된 사항이 적절하게 수정되었는지에 대해 검토 받았다. 3차 심사는 심사위원뿐만 아니라 학과의 모든 교수님들과 선후배들 앞에서 수정된 논문을 발표한 후 피드백을 받는 방식으로 이루어졌다. 3차 심사에서 지적된 내용이 충분히 수정될 경우 해당 학기에 석사 학위 논문 취득이 가능하다. 만약 논문 심사 과정에서 심사위원들의 평가가 좋지 않거나 심사위원들의 수정 요청 사항을 충분히 반영해 내지 못한다면 해당 학기에 졸업하지 못하게 될 가능성도 있다.

석사 논문의 효과적 작성 전략

나는 석사 과정 3학기가 석사 과정 중 가장 힘들었다. 석사 3기에 2과목의 전공 교과를 수강하면서 종합시험도 쳐야 했다. 그리고 학기말에 발표할 석사 학위 논문 계획서도 준비해야 했다. 3기 말에 석사 학위 논문 계획서가 통과될 경우 4학기 초중반까지 연구결과와 결론 및 논의 부분을 작성해야 한다. 논문 작성을 위한 절대적인 시간이 부족할 수밖에 없다. 그러다 보니 몇몇 석사 과정 학생들은 졸업을 한 학기 정도 늦추기도 했다.

석사 과정 3기와 4기에 본격적으로 진행하는 논문 작성 과정의 부족한 시간을 보완하기 위해서는 1, 2학기 수업 중 기말 과제로 제출하는 소논문 중 하나를 석사 학위 논문으로 발전시키는 것이 좋다. 석사 과정 1, 2기 거의 매 수업의 기말 과제로 제출하는 소논문의 형식은 석사 학위 논문 계획서의 형식, 분량과 대동소이하다. 따라서 지도교수와 상의하여 석사 과정 2기 수업의 과제를 석사 학위 논문 계획서와 연계한다면, 석사 학위 논문 계획서를 약 1년간 준비할 수 있게 된다. 석사 2기에 석사 학위 논문 계획서의 초안을 작성하고, 석사 3기에 석사 학위 논문 계획서를 심화시킨다면, 석사 논문 작성 시간이 상당히 단축될 수 있다. 만약 석사 학위 논문 계획서에 대한 공개 발표가 없는 대학원이라면, 석사 3기부터 연구결과를 작성할 수 있기 때문에 빠른 기간에 논문을 완성할 수도 있게 된다.

한편, 석사 논문 작성 과정에서 대학원의 교수진만큼이나 박사 과정 선배들의 조언이 큰 도움이 될 수 있다. 박사 과정 선배들은 이미 석사 논문을 써 본 경험을 가지고 있다. 따라서 박사 과정 선배들은 석사 논문에 적합한 주제가 무엇인지, 석사 논문의 구성 요소는 어떠한지, 논문 주제에 적합한 연구 방법론은 무엇인지, 논문 심사 과정은 어떠한지, 논문 발표 시 요약을 어떻게 해야 하는지와 같은 석사 논문 작성 전 과정에 대한 의미 있는 조언을 할 수 있다. 박사 과정 선배들과 원활한 커뮤니케이션은 석사 논문의 효율적 작성을 위해 반드시 필요하다.

5. 석사 후 취업

커뮤니케이션 분야의 석사 학위를 취득한 후의 진로는 어떻게 될까. 석사 학위를 취득한 후 진로는 연구원 취업, 일반 기업 취업, 국내외 박사 과정 진학 등 3가지 유형으로 구분될 수 있다. 구체적으로 연구원 취업은 언론사, 정부 출연 연구소, 대학 연구소로 구분될 수 있고, 일반 기업 취업은 언론사 기자, 광고홍보 회사 직원, 미디어 관련 공공기관 직원으로의 취업으로 구분될 수 있다. 석사 학위를 취득한 후 연구를 계속하기 위해서는 국내외 박사 과정에 진학하게 된다. 본 챕터는 석사 후 취업의 방향에 대해 정리했다.

연구원

커뮤니케이션학 분야의 석사 학위를 취득한 후 커뮤니케이션학 분야의 전문 연구원이 될 수도 있다. 예컨대 KBS, MBC 등 언론사와 정보통신정책연구원 등 정부 출연 연구소가 석사급 연구원(연구보조원)을 채용하고 있다. MBC, KBS 등 대부분의 석사급 연구원의 채용은 1차 서류 전형과 2차 면접 전형으로 진행된다. 계약기간은 1년이고, 평가에 따라 1년 더 연장할 수 있다. 최대 2년간 근무할 수 있는 구조다. 다만, 정보통신정책연구원 등의 경우 1차 서류 전형(5배수 내외 선정)과 2차 발표세미나 및 인적성검사, 3차 면접 전형으로 이루어진다. 2차 발표세미나에서는 석사 학위 논문 또는 연구실적에 대한 발표를 진행하게 된다. 정보통신정책연구원의 경우 정규직으로 석사급 연구원을 채용하는 경우가 많다. 한편, 대학의 각종 연구센터나 행정기관에서 데이터 분석과 보고서 업무를 수행할 석사급 연구원을 채용하는 경우도 있다. 대학의 석사급 연구원의 대부분은 1년 계약직(최대 2년 계약)으로 채용된다.

석사급 연구원의 채용은 서류 전형과 면접 전형의 과정을 거친다. 일반적으로 정규직 연구원 채용 절차가 비정규직 연구원 채용 절차에 비해 복잡한 편이다.

경험에 따르면 박사급 연구원과 함께 일하는 과정에서 상당수 석사급 연구원들이 연구원 생활 중에 계약 조건, 연봉, 신분상의 불안정 등을 느끼고 있었다. 따라서 일정 정도 근무한 후(혹은 계약기간 만료 후) 박사과정에 진학하곤 했다. 예컨대 KBS, MBC, 한국언론진흥재단, 한국콘텐츠진흥원 등의 박사급 연구원은 대부분 무기계약직이다. 1년 단위로 계약을 하지만, 정년까지 재계약이 가능하다. 그러나 석사급 연구원의 대부분은 1년 계약직으로 평가결과에 따라 최대 1년, 총 2년까지 계약이 가능한 상황이다. 물론 정보통신정책연구원의 경우 석・박사급 연구원을 일부 정규직(일부 계약직)으로 채용하고 있기도 하다. 그러나 석・박사급 연구원을 정규직으로 채용하는 곳은 많지 않다. 석사학위를 취득한 후 연구원으로서 안정적으로 생활하기가 사실상 어려운 구조인 것이다. 석사와 박사급 연구원의 연봉 차이도 크다. 반면, 석사급 연구원과 학사급 직원의 연봉 차이는 크지 않다. 오히려 학사급 정규직 직원이 석사급 연구원에 비해 높은 연봉을 받는 경우가 많다. 더욱이 석사급 연구원의 업무는 독립적인 연구라기보다 박사급 연구원을 보조(지원)하는 역할 등에 머무르는 경우가 많다. 정보통신정책연구원은 박사급 연구원을 연구 책임자, 학·석사급 연구원을 연구원으로 명명하고 있고, KBS 등 일부 기관은 석사급 연구원을 연구 보조원으로 명명하고 있기도 하다. 상황이 이렇다 보니 석사급 연구원들은 업무 수행과정에서 연구자로서의 자존감이 떨어질 수밖에 없다. 석사급 연구원들이 속속 박사 과정행을 택하고 있는 이유일 것이다.

일반 기업

커뮤니케이션학 분야의 석사 학위를 받은 후 언론사의 기자나 에디터, 광고홍보 회사 직원, 리서치 회사 직원(조사 분석 및 프로젝트 관리 등) 등으로 취업하는 경우도 있다. 언론사 기자, 광고홍보 회사 직원, 리서치 회사 직원은 석사 학위가 없이도 취업이 가능한 분야다. 그러나 석사 학위를 취득한 후 일반 기업의 직원으로 채용될 경우 경력을 인정받을 수 있다. 따라서 학부 졸업 후 곧바로 취업을 하기에 부족하다고 생각되거나 학부 과정에서 얻지 못한 심화된 전공 지식을 현장에 녹여 내려는 생각을 가진 학부생들은 석사 과정을 취업을 위한 하나의 관문으로 고려하기도 한다. 실제로 내가 석·박사 과정을 하던 시기에 석사 학위 취득 후 박사 과정에 진학한 사람보다 취업을 한 사람이 상대적으로 많았다.

구체적으로 내가 석·박사 과정을 진행하던 시기 석사 과정을 마치고 취업한 선후배, 동기들은 각각 리서치 회사, 언론사 기자(카메라 기자, 소셜미디어 에디터), 홈쇼핑 상품기획자, 미디어 관련 공공기관(시청자미디어재단 등), 광고홍보 회사 등에 취업해 일하고 있다. 특히 리서치 회사의 경우 석사 학위 취득자만을 채용하거나 석사 학위를 받고 난 후 취업하게 될 경우 경력을 인정받는다. 석사 이상의 학력이 우대받는 것이다. 예컨대 ㈜리서치앤리서치의 연구팀 지원 자격은 4

년제 졸업 예정자 및 졸업자 이상이지만, 석사 학위 수요자가 우대된다. 서류 전형, 1차 면접, 2차 면접, 임원 면접의 과정을 통해 채용되면 리서치 업무 전반을 수행하게 된다. 설문지 작성과 분석, 보고서와 제안서 작성과 통계 분석 등이 주 업무다. 3개월 수습 기간을 거쳐 정규직으로 채용된다. 대부분의 리서치 회사가 대동소이한 채용과정을 거치고, 3개월 정도의 수습 기간을 거쳐 정규직으로 채용한다.

국외 박사 과정 진학

커뮤니케이션학 분야 석사 과정에 입학하고자 한 이유가 커뮤니케이션학 연구에 대한 관심이었다면, 석사 졸업 후 박사 과정에 진학하는 것이 자연스러운 일이다. 다만 박사급 연구원, 교수를 지망하는 사람들은 석사 과정 중 한 가지 심각한 고민 앞에 놓이게 된다. 미국 등 국외로 유학을 가야 할 것인가, 아니면 국내에서 박사 과정 공부를 해야 할 것인가에 대한 고민이 그것이다.

석사 과정 중 혹은 석사 취득 후의 유학 결정은 해외의 학술성과, 해외의 문화와 환경에 대한 학습 욕구가 높고, 해외 유학을 위한 상황적 조건이 충족되었을 때 이루어지게 된다. 그러나 석사 과정 중 유학 결정은 국내 커뮤니케이션학 분야 교수의 대부분(특히 최근 임용된 이론중심형 교수의 대부분)이 이른바 유학파라는 상황 인식, 교수 채용 과정에 영어 논문과 영어 강의가 중시되는 환경 인식과 무관치 않아 보인다. 석사 졸업 후 유학을 결정하는 일은 유학 비용(학비, 생활비 등), 석사 과정 중 영어 학습의 문제 등을 고려하면 쉽게 결정할 수 있는 일은 아니다. 국내 석사 과정 중 수업을 듣고, 논문을 쓰는 것만으로도 벅찬 대학원 생활 중 영어 공부와 함께 해외 대학원 입학 허가 등을 받는 일이 결코 쉬운 일만은 아니기 때문이다. 한편, 국내에서 석사 학위를 받고, 바로 해외의 동일 계열 박사 과정에 입학하지 않고, 석사 과정에 입학하는 사람들도 있다. 커뮤니케이션학 분야 교수들의 프로필을 살펴보면, 국내 석사-해외 박사가 아니라 국내 석사-해외 석사-해외 박사인 경우가 더 많다. 이는 익숙하지 않은 해외 환경에 적응하면서, 부족한 영어 실력을 향상시킨 후 조금 더 좋은 조건(장학금 등)의 대학으로 진학하여 박사 과정 공부를 하려는 의도에 기인한다. 이런 이유에서인지 미국 등 해외로 유학을 간 사람들의 경우 석사와 박사 취득 대학이 다른 경우가 상당수 존재한다.

국내 박사 과정 진학

국내에서 석사 과정을 마치면, 국내의 동일 대학원 혹은 타 대학원 박사 과정에 입학하게 된다. 일반대학원 석사 과정을 마친 대학에서 박사 과정을 하는 경우가 대부분이다. 다만, 같은 대학원이라고 해도 석·박사 통합과정이 아니라면, 석사 졸업 후(혹은 졸업예정자로) 새롭게 원서를 쓰고, 면접을 본 후 박사 과정에 진학하게 된다. 한국 대학 커뮤니케이션학 관련 학과가 해외 박사(특히 미국 박사)를 우대하는 것은 공공연한 사실이다. 이에 국내의 박사 과정에 진학한 전일제 학생들로 하여금 유학을 간 사람들보다 더 열심히 해야 한다는 자극이 되기도 하지만, 박사 과정 학생으로서의 자존감을 낮추는 원인이 되기도 한다. 이러한 문제는 교육부, 학계, 대학 당국이 나서서 개선해야 하는 문제라고 생각한다. 나는 영어 능력이 아니라 연구자로서의 역량, 교육자로서의 역량이 뛰어난 사람을 채용하는 문화를 만들어야 한국 대학 교육이 한 단계 발전할 수 있을 것이라고 생각한다.

많지는 않지만 국내 박사 과정에 진학하더라도 졸업 후 국내 유수의 연구소 연구원이나 대학교수에 채용되는 사례가 존재한다. 반면, 해외 유명 대학에서 박사 학위를 받더라도 연구소나 교수 임용에 어려움을 겪는 사례도 존재한다. 국내에서 박사 과정을 하더라도 충분히 해외에서 박사 과정을 하는 것 이상의 연구 성과를 이끌어 낼 수 있다. 중요한 것은 어디에서 공부를 하느냐가 아니라 어떻게 공부하느냐다.

6. 박사 과정 생활

　박사 과정은 석사 과정과 입학 절차, 기본적인 졸업 조건 등이 유사하다. 그러나 박사 과정은 석사 과정에 비해 학위 취득까지 걸리는 시간이 길고, 강의 수강 외의 업무가 많으며, 교수와의 커뮤니케이션이 많은 편이다. 이 챕터에서는 석사 과정 생활과 박사 과정 생활의 공통점과 차이점에 대해 정리했다. 아울러 나의 경험에 근거하여 박사 과정 학생들의 고민이 무엇인지에 대해 정리했다.

석사 과정 생활과 공통점

　박사 과정 입학 절차는 기본적으로 석사 과정 입학 절차와 같다. 박사 과정 입학은 서류 전형과 면접 전형으로 이루어진다. 서류 전형에서는 학업계획서와 전적 대학 성적을, 면접 전형에서는 자기소개, 연구 계획, 지원 동기 등을 평가하게 된다. 입학 또는 졸업을 위한 조건으로 영어 점수(영어 시험 통과)를 규정하고 있는 것, 종합 시험에 통과한 후 졸업 논문을 써야 졸업이 가능하다는 점도 석·박사 과정의 공통점이다.

박사 과정 입학 후 연구조교 혹은 실습조교를 하면서 등록금을 감면할 수 있다는 점도 석·박사 과정의 공통점이다. 다만, 나의 경우 석사 과정에는 연구조교 생활을 했고, 박사 과정에는 실습조교(언론고시반 조교)를 했다. 당시 한양대학교 일반대학원 신문방송학과의 경우 연구조교는 석사 과정 학생이 실습조교는 박사 과정 학생이 주로 담당했다.

석사 과정 생활과 차이점

박사 과정 생활과 석사 과정 생활의 차이점은 3가지 정도로 요약된다. 박사 과정은 석사 과정에 비해 학위 취득까지 걸리는 시간이 길고, 강의 수강 이외의 업무가 많으며, 교수와의 커뮤니케이션이 더욱 활성화된다. 구체적인 내용은 다음과 같다.

첫째, 학위 취득까지 걸리는 시간이 길다. 커뮤니케이션학 분야 일반대학원 석사 과정의 경우 학위 취득까지 최소 2년의 시간이 걸린다. 나 역시 석사 과정을 2년간 진행했다. 석사 과정 중 1학기에는 전공 수업만을 수강했고, 2학기에는 전공 수업 수강과 함께 외국어 시험을 쳤다. 3학기에는 전공 수업 수강과 함께 종합시험을 쳤다. 그리고 학위 청구 논문 계획서를 발표했다. 4학기에는 졸업 논문을 작성한 후 심사를 받았다.

그러나 박사 과정의 경우 학위 취득까지 4년 내외의 시간이 걸린다. 석사 과정에 비해 취득해야 할 학점이 많기 때문에 전공 강의를 2년 내 수강해야 한다. 2년 동안 박사 과정 수업을 이수하면, 박사 수료생이 된다. 박사 과정 학생은 박사 수료 이후 2년 내외의 시간 동안 영어 시험, 종합 시험, 학위 청구 논문 계획서 발표, 졸업 논문을 작성하게 된다. 나의 경우 박사 과정은 3년 6개월간(7학기 동안) 진행했다. 당시 다른 동료들에 비해 빨리 졸업한 경우다. 박사 과정 중 1~4학기 동안에는 전공 수업만을 수강했고, 그 기간 동안 외국어 시험을 쳤다. 그리고 5학기에는 종합 시험을 쳤다. 그리고 6학기에는 학위 청구 논문 계획서를 발표했다. 그리고 7학기에 졸업 논문을 작성한 후 심사를 받았다. 나와 같은 시기에 박사 과정에 있었던 후배들은 4년 혹은 그 이상 박사 과정을 진행한 경우가 많았다. 내가 6학기에 했던 학위 청구 논문 계획서 발표를 7학기에 하거나 그 이후에 했기 때문이었다. 나와 같은 시기 공부를 했던 선배들 중에는 개인적인 문제, 환경적인 문제 때문에 5년 이상 박사 과정 생활을 했던 사람도 상당히 많았다. 이처럼 박사 과정 생활을 하는 시간은 사람마다 차이가 있다. 다만, 커뮤니케이션학 분야의 박사 과정은 일반적으로 4년 내외라고 보면 된다.

둘째, 연구 프로젝트 참여, 학술지 논문 작성, 강의 등 강의 수강 이외의 업무가 많다. 여기에서 연구 프로젝트는 교수들이 개인의 역량에 의해 국가, 지방자치단체, 기업, 연구소 등의 연구 과제를 수주하여 연구비를 받고 일정 기간 동안 연구를 진행하는 것을 의미한다.

규모가 큰 연구 프로젝트라면 교수 혼자 연구를 수행하기에 무리가 있기 때문에 동료 교수 혹은 석·박사급 연구 보조원과 함께 연구를 진행하게 된다. 박사 과정 학생은 석사 학위 논문을 작성해 본 경험이 있기 때문에 교수들이 진행하는 각종 연구 프로젝트에 우선 참여 대상이 된다. 박사 과정 학생의 연구 프로젝트 참여는 해당 주제에 대한 최신 동향을 공부할 수 있는 기회가 된다는 점, 용돈을 벌 수 있다는 점, 그리고 프로젝트 종료 후 프로젝트에서 생산된 데이터를 활용한 전문 학술지 논문 게재의 기회를 가질 수 있다는 점이 장점이다. 다만, 수업을 듣는 과정에서 프로젝트에 참여하게 될 경우 수업 준비 시간 등이 부족해질 수 있다는 점은 단점이라고 할 수 있다.

또한 석사 과정과 달리 박사 과정의 경우 학위 논문 이외에 학술지 논문이 필요하다. 일반적으로 박사 학위 취득 후 취업할 수 있는 각종 연구소나 대학이 학위 논문 이외의 연구 실적을 요구하기 때문이다. 빡빡한 4년 내외의 시간 동안 전문 학술지 논문을 쓴다는 것이 결코 쉬운 일이 아니다. 따라서 나는 박사 과정 중 수업을 듣는 과정에서 필수적으로 제출해야 하는 기말 과제(소논문)를 학기 종료 후 전문 학술지 논문으로 만들어 내기 위한 노력, 프로젝트에 참여한 후 프로젝트에서 산출된 데이터를 활용하여 전문 학술지 논문으로 만들어 내기 위한 노력이 필요하다고 생각한다.

한편, 내가 박사 과정(2009~2013년)에 있을 때만해도 박사 과정을 수료하게 되면, 시간강의를 하는 경우가 일반적이었다. 박사 수료 후에는 더 이상 강의를 듣지 않기 때문에 시간강의를 하면서 강의 경력을 쌓고, 생활비를 벌 수 있는 시간적 여유가 있었다. 그러나 최근 강사의 처우개선을 목적으로 제정된 강사법의 영향으로 강사의 공개채용이 이루어지고, 채용된 강사의 1년 이상 임용, 3년까지 재임용 절차를 보장하게 되면서, 박사 수료생들의 강사 활동이 어려워졌다. 실제로 뛰어난 연구 역량을 갖추었음에도 박사 수료 이후 박사 학위 취득 때까지 한 번도 강의를 하지 못한 사람들이 다수 존재한다. 박사 수료생이나 신진 박사들이 강의 자리를 구하지 못하는 경우도 부지기수다. 강의 경력이 없으니 박사 학위를 취득하더라도 강사 공채에서 불이익을 받는 경우도 많다. 나는 각 대학이 박사 수료 후 박사 학위를 취득하기 전 대학원생들이 최소한 교양 강의를 통해서라도 강의 경험(경력)을 쌓을 수 있도록 배려하는 것이 대학 교육의 전반적인 질을 높일 수 있는 방법이라고 생각한다.

셋째, 교수와의 커뮤니케이션이 더욱 활성화된다. 석사 과정 논문에 비해 상대적으로 많은 시간이 투입되는 박사 학위 논문 작성 과정에서 교수의 밀착 지도는 필수적이다. 나의 경험에 따르면 지도교수와의 커뮤니케이션이 원활할수록 논문 작성 시간은 단축됐다.

한편, 박사 과정은 석사 과정과는 달리 전문 학술지 논문이 필수적이다. 전문 학술지 논문을 작성해 본 경험이 없거나 많지 않은 박사 과정 학생의 경우 논문 작성, 논문 투고, 논문 심사 과정 전반이 서투를 수밖에 없다. 이 경우 박사 과정 학생이 작성한 논문을 지도교수가 살짝 수정하는 것만으로도 논문의 질적 수준이 상당히 높아진다. 만약, 박사 과정 학생이 단독으로 논문을 게재할 수 있는 역량을 갖추었다고 해도 실제로 단독으로 투고할 수 있는 한국연구재단 등재학술지는 많지 않다. 또한 영어 논문 작성과 투고 과정에 익숙하지 않은 국내 박사 과정 학생의 경우 SSCI급 논문을 다수 작성해 본 경험이 있는 교수의 지도 없이 논문 게재가 사실상 불가능하다. 이러한 이유 때문인지 커뮤니케이션학 영역의 박사 과정들의 경우 교수와 공저로 논문을 투고하는 것이 일반적이다.

결과적으로 박사 과정 학생이 교수와 원활하게 커뮤니케이션 할 때 더 많은 전문 학술지 논문을 게재할 수 있는 구조인 것이다. 나는 좋은 교수라면 학술지 논문을 쓰고자 하는 열망을 가진 대학원, 특히 박사 과정 학생들이 많은 논문 실적을 올릴 수 있게 조언해 주고, 이끌어 주어야 한다고 생각한다. 대학원생을 도와주고, 이끌어 주기보다 본인 연구실적을 위해 이용하기만 하는 일부 교수들은 연구자이되 선생은 아니다. 자성이 필요하다.

박사 과정의 고민

전일제로 박사 과정에 입학하게 된 학생들은 연구가 좋아서 박사 과정을 택한 사람들이 대부분이다. 다만, 그들은 입학과 동시에 두 가지 측면의 심각한 고민에 빠지게 된다. 하나는 과연 '내가 박사가 될 수 있을까'에 대한 고민이고, 다른 하나는 '미래에 대한 고민'이다. 박사가 될 수 있을까에 대한 고민은 수업을 듣고, 종합 시험을 치고, 학위 청구 논문 계획서를 발표하고, 논문 심사를 받는 과정, 즉 시간의 흐름에 따라 점차 해소될 수 있는 고민이다. 그러나 미래에 대한 고민은 입학 후 졸업이 가까워질수록 극대화되는 고민이다.

나와 동시대에 같이 박사 과정에서 공부한 선후배들은 학령인구가 감소함에 따른 대학의 위기 상황, 커뮤니케이션학 분야(미디어커뮤니케이션, 광고홍보학 등)의 교수 채용이 활발하지 않은 상황, 교수 채용의 대부분이 정년트랙(정규직)보다 비정년트랙(비정규직)에 머무르는 상황 등이 우리에게 교수 임용의 기회를 주지 않을 수도 있을 것이라는 측면에 대해 고민했다. 그리고 '국내에서 박사 과정을 하는 우리가 해외에서 박사를 하는 사람들과 경쟁이 될까'하는 고민, '지방대를 나온 내가 교수나 연구원이 될 수 있을까'하는 고민 등에서도 자유롭지 못했다. 대학원생들끼리 모 대학에 임용된 교수가 유명 대학과 해외 유명 대학원을 나온 누구라는 정보를 공유하며 좌절했던 기억도 많다. 물론 미래에 대한 고민은 장점도 있었다. 환경에 적응하기 위해 열심히 공부했고, 논문을 많이 쓸 수 있도록 스스로를 채찍질하게 만들었기 때문이다.

국내 대학 교수 임용 과정에서 해외 박사가 국내 박사보다 우대받는 것은 공공연한 현실이다. 교수들은 자대에서 배출한 박사보다 해외 박사가 우대받는 현실이 교수의 문제가 아니라 대학의 문제라고 생각할지도 모르겠다. 아니다, 교수의 문제다. 채용 과정에서 해외 박사가 우대받는 현실은 교수들이 자대 대학원생들이 많은 논문을 쓸 수 있도록 지도하고, 해외 우수 논문 작성 과정에서 도움을 주는 것으로 극복될 수 있는 문제인지도 모른다.

7. 박사 논문

박사 논문은 무엇인가. 박사 논문과 석사 논문은 어떠한 차이가 있는가. 본 챕터에서는 논문 작성 시간과 심층성의 차이, 논문 심사 과정의 차이, 논문의 목적성 차이라는 석·박사 논문의 3가지 차이점에 대해 정리했다. 그리고 일반대학원 박사 과정 시절의 경험을 통해 박사 논문 준비와 심사 과정에 대해 정리했다.

석사 논문과의 차이

석사 논문과 박사 논문은 대학원 과정의 학술적 성과라는 측면에서 공통점이 있다. 그러나 석사 논문과 박사 논문은 논문 작성 시간과 심층성, 논문 심사의 과정, 논문의 목적성에서 차이가 존재한다. 구체적인 차이점은 다음과 같다.

첫째, 논문 작성 시간과 심층성의 차이이다. 예컨대 석사 논문은 2년간의 석사 기간 중에 쓰이는 것이 일반적이다. 석사 과정 중의 수업 수강이 1년 6개월 정도 이루어진다는 점을 고려한다면, 석사 과정 중 논문에 온전히 투자할 수 있는 시간은 6개월 정도에 불과하다. 반면, 박사 논문은 4년간의 박사 기간 중에 쓰이는 것이 일반적이다. 박사 과정 중의 수업 수강이 2년 정도 이루어진다는 점을 고려한다면, 박사 과정 중 논문에 온전히 투자할 수 있는 시간은 2년 내외라고 볼 수 있다. 즉 박사 논문은 석사 논문에 비해 연구자가 충분히 생각하고, 고민을 한 후 논문을 쓸 수 있다는 측면에서 석사 논문에 비해 심층성이 더해진다. 더구나 박사 논문은 석사 논문을 쓴 경험이 있는 사람이 쓰게 되는데, 그래서 석사 논문을 쓸 때보다 조금 더 쉽게 논문을 쓸 수 있다.

둘째, 논문 심사 과정의 차이이다. 석사 논문은 3명의 심사자에 의해 3차례의 심사가 이루어진다. 반면, 박사 논문은 5명의 심사자(외부 심사자 포함)에 의해 5차례의 심사가 이루어진다. 즉 박사 논문의 경우 석사 논문에 비해 보다 긴 시간 동안 보다 많은 심사자에 의해 심층적으로 심사를 받을 수 있다. 일반적으로 심사 과정에서 심사자는 연구자가 연구과정에서 미처 생각하지 못했던 객관적 시각을 더해 주는 역할을 한다. 물론 불성실한 심사자에 의해 연구자의 소중한 연구 성과가 저평가 받게 되는 경우도 존재한다. 그러나 일반적으로 심사를 받는 과정은 논문의 질적 수준을 높여 준다. 결과적으로 박사 논문의 경우 보다 많은 교수들이 보다 긴 시간 동안 한 논문에 대해 조언을 해 주기 때문에 석사 논문에 비해 논문의 질적 수준이 훨씬 크게 향상될 가능성이 있다.

셋째, 논문 목적성의 차이다. 석사 논문과 박사 논문의 목적이 무엇이라고 정의해 놓은 기준이 있는 것은 아니다. 때로는 석사 논문보다 목적의식이 부족하고, 질적으로도 떨어지는 박사 논문을 보게 되는 경우도 있다. 그럼에도 불구하고 나는 사회과학 연구, 특히 커뮤니케이션학 분야의 박사 학위 논문은 학술적 가치가 있는 논문이어야 한다고 생각한다. 그리고 사회나 인간에 대한 실용적 기여를 할 수 있는 논문이어야 한다고 생각한다. 반면, 석사 학위 논문은 특정 현상에 대한 체계적 정리(학습)와 분석을 통해 해당 분야에 대한 전문가로서의 역량을 보여 주는 정도면 충분하다고 생각한다. 석사 학위 논문에 이론적 기여점을 요구하거나 실용적인 기여점을 요구하는 교수들은 거의 존재하지 않기 때문이다. 물론 이러한 기준은 학자들에 따라 일부 다를 수 있다.

석·박사 논문 대필

일부 사람들은 직업이 있는데도 자기개발을 위해, 혹은 다른 직종으로의 이직을 위해 석사 혹은 박사 논문을 필요로 한다. 목적 달성을 위해 낮에는 일을 하고, 밤에는 정말 열심히 공부를 하는 이른바 파트타임(Part Time) 대학원생들을 보면 존경스러운 마음이 들기도 한다. 다만, 일부 언론보도를 보면 그저 석·박사 학위가 필요해서 대학원에 입학한 일부 몰지각한 사람들이

존재한다. 그들은 논문의 전부나 일부를 타인에게 돈을
지불한 후 맡긴다고 한다.

물론 자신이 설계했지만 잘 모르는 분석 방법 등에
대해서 도움을 받을 수는 있다. 그러나 돈으로 논문을
맡기는 것과 자신의 부족한 부분을 다른 사람에게 도
움을 받는 일은 전혀 다르다. 대학원생은 연구자가 되
기 위한 과정이다. 그런데 돈을 주고 논문을 쓰겠다는
(사겠다는) 것은 연구자가 되기를 포기하겠다는 선언
이라고 볼 수 있다. 연구자가 되기 위한 대학원을 다니
면서 연구자가 되기를 포기하겠다고 선언하는 대학원
생이 사회과학 분야, 커뮤니케이션학 분야 일반대학원
에는 사라져야 한다.

박사 논문 준비와 심사 과정

일반적으로 박사 논문은 박사 과정의 모든 수업을
수강한 수료 이후의 시점에 본격적으로 쓰게 된다. 박
사 논문의 아이디어 설정 단계에서부터 집필의 전 과

정은 지도교수와의 상의를 통해 이루어진다. 박사 과정 학생이 박사 논문을 위한 아이디어를 가지고 지도교수와 면담을 하면, 지도교수는 박사 논문이 박사 논문으로서 타당한 문제의식을 가지고 있는지, 분석을 위한 방법론은 타당한지 등을 고려한 후 논문으로 발전시킬지 여부를 고민하게 된다.

나는 박사 과정을 7학기(3년 6개월) 만에 졸업했다. 이 중 1~4학기에는 수업을 들었고, 5학기에는 종합시험(졸업 시험)과 영어 시험을 쳤고, 6학기에는 박사 논문 계획서(이른바 proposal)를 작성했고, 7학기에는 논문을 작성했다. 박사 논문의 아이디어를 본격적으로 고민한 것은 박사 과정 4학기 때였다. 4학기 초반 지도교수님과 박사 학위 논문의 아이디어에 대해서 충분히 상의했고, 4학기 종강과 함께 박사 논문 계획서를 작성하기 시작했다. 일반적으로 박사 논문 계획서는 문제제기 및 연구목적, 이론적 논의, 연구문제 및 연구방법까지 작성하게 된다. 5학기 종강에 맞춰 박사 논문 계획서를 완성했고, 6학기 시작과 함께 지도교수님께 제출한 후 3~4차례 수정 과정을 거쳤다. 그리고 6학기 중간고사 이후 한양대학교 일반대학원 신문방송학과의 모든 교수님들과 선후배들 앞에서 박사 논문 계획서를 발표하고, 피드백을 받았다. 한양대학교 신문방송학과의 경우 박사 논문 계획서 발표회에서 긍정적인 평가를 받으면 박사 학위 논문을 계속 진행할 수 있게 된다. 나는 곧바로 박사 학위 논문을 위한 자료 수집과 결과 분석에 착수했다. 7학기 중간고사 무렵까지 약 6개월 동안 박사 학위 논문을 작성했다. 물론 작성 중 수시로 지도교수의 피드백을 받았다. 7학기 중간고사 이전에 박사 학위 논문 초고를 지도교수님께 제출했다. 지도교수는 박사 학위 논문을 검토하신 후 1~2차례 수정 사항을 주셨고, 모든 수정이 완료된 후 박사 논문 심사 일정을 정했다.

일반적으로 박사 논문의 심사위원은 5명으로 구성된다. 심사의 객관성을 위해 심사위원은 내부 심사위원 3~4명, 외부 심사위원 1~2명으로 구성한다. 외부 심사위원은 특정 주제에 대해 심층적 이해를 가진 타 대학 교수로, 지도교수의 추천으로 정하는 경우가 많다. 예컨대 나의 박사 학위 논문은 정책 연구, 질적 인터뷰, 양적 수용자 연구, 법제 연구가 융합된 연구였다. 이에 수용자 연구 전공자인 지도교수(김정기 교수님)는 나와 상의하여 미디어법제 전공자이신 심사위원장(이재진 교수님)과 미디어 정책, 산업에 전문성을 가지고 있는 심사위원(전범수 교수님), 인터뷰와 서베이 모두에 전문성을 가지고 있는 심사위원(우형진 교수님)을 내부 심사위원으로 선정하고, 연구방법론과 수용자 연구에 전문성을 가지고 있는 외부 심사위원(주지혁 교수님)을 선정한 후 심사 일정을 정했다.

박사 학위 논문의 심사는 5회 내외로 이루어지는 것이 일반적이다. 나의 경우 1차 심사는 심사위원에게 논문 초고를 제시하고, 논문의 결과를 요약하여 발표한 후 피드백을 받는 방식으로 이루어졌다. 논문의 큰 틀에서 보완해야 할 점 등을 위주로 피드백을 받았다. 구체적으로 적용 이론이 적절한지에 대한 검토, 일부 데이터 추가의 필요성, 불필요한 분석 결과와 문장 삭제의 필요성 등이 지적됐다. 2, 3차 심사에는 1, 2차 심사 지적 사항이 잘 수정되었는지에 대해 검토 받았다. 그리고 지적 사항에 기반한 분석결과와 결론의 기술이 적절한지에 대한 추가적 피드백을 받았다. 4차 심사는 심사위원뿐만이 아니라 모든 교수님들과 선후배들 앞에서 수정된 논문을 발표한 후 피드백을 받는 방식으로 이루어졌다. 5차 심사는 4차 심사결과가 잘 반영되었는지 여부가 확인되었다. 그리고 박사 학위로 인정할 것인지에 대한 심사가 진행되었다. 나는 본격적으로 박사 논문 심사를 진행한 후 1학기 만에 심사를 통과하여 졸업을 했지만, 만약 해당 학기에 심사를 통과하지 못할 경우, 그다음 학기에 논문을 대폭 재수정한 후 다시 심사를 받게 된다.

8. 전문 학술지 논문

박사 과정 중 박사 학위 논문만큼 중요한 것이 SSCI급, SCOPUS급, KCI급 전문 학술지 논문이다. 전문 학술지 논문 없이는 박사 학위 취득 자체가 어려울 수 있고, 박사 학위를 취득한 후 연구소나 대학 취업에 어려움을 겪을 수 있다. 본 챕터에서는 전문 학술지 논문의 필요성을 정리하고, KCI급 논문과 SSCI급 논문의 차별성, 박사 과정 중 KCI급 논문과 SSCI급 논문의 필요성과 준비 과정을 정리했다.

전문 학술지 논문의 필요성

대학원 박사 과정에 진학하는 이유는 연구를 하기 위해서다. 그리고 박사 학위는 특정 인물이 독립적으로 연구를 설계하고, 진행할 수 있는 능력을 갖춘 사람임을 증명하는 일종의 자격증(?)과 같다. 결과적으로 박사 학위는 연구(논문)와 분리해서 생각할 수 없다. 일반적으로 전문 학술지 논문은 박사 학위를 위한 필수적 조건이다. 예컨대 한양대학교 일반대학원 신문방송학과의 경우 박사 학위 청구 논문 심사 이전에 한국연구재단 등재(후보)지 이상의 전문 학술지에 주 저자 혹은 교신 저자로 1편 이상의 논문을 게재해야 한다는 규정을 가지고 있다. 이러한 규정은 전문 학술지에 주 저자 혹은 교신 저자로 논문을 게재할 수 있을 정도의 연구 능력을 갖추어야 박사 학위를 취득할 자격이 있다는 것을 의미하는 것이다.

또한 전문 학술지 논문은 박사 후 연구소나 교수직 채용을 위한 필수적 조건이다. 박사 학위 논문 이외에 전문 학술지 논문이 없는 신진 박사가 연구소의 연구원이나 대학의 교수가 되는 것은 현실적으로 불가능하다. 예컨대 2020년 3월 임용 교수를 채용한 인하대학교는 최근 3년 이내 발행된 최소 3건 이상의 연구실적을 갖추지 않은 사람의 경우 지원이 불가능하다고 명시했다. 같은 시기 교수를 채용한 가천대학교 역시 최근 3년간 등재지 이상 학술지 논문실적이 200점(단독 2편 이상)일 때 지원이 가능하다고 명시했다. 대부분의 대학이 대동소이한 기준을 가지고 있다. 그러나 최근 3년간 2~3편이라는 논문의 수는 채용을 위한 기본 조건에 불과하다. 실제 채용이 이루어지는 연구원이나 교수는 3년간 2~3편보다 훨씬 더 많은 논문을 가지고 있는 것이 사실이다. 최근 3년간 2~3편이 아니라 적어도 연간 2~3편(3년 기준 6~9편)의 논문을 써야 연구소 혹은 대학에 채용될 가능성이 있다. 대부분의 연구소나 대학이 논문에 대한 질적 평가보다 양적인 평가를 중시하고 있기 때문이다.

그러나 연구소나 대학에 채용되는 기준이 학술지 논문의 수, 즉 논문의 양적 평가에 치우쳐 있다는 것은 질적 연구의 성장을 억제하는 원인이 된다는 비판적 목소리도 존재한다. 심층 인터뷰, 참여 관찰, 내용 분석 등의 방법론을 활용하는 질적인 연구는 서베이(통계분석)를 주로 하는 양적인 연구에 비해 연구를 진행하는 시간이 길 수밖에 없다. 따라서 질적인 연구를 주로 하는 사람은 양적인 연구를 주로 하는 사람에 비해 동일 시간 내 많은 논문을 쓰기 어렵다. 질적인 연구를 하겠다는 마음으로 박사 과정에 진학한 후 임용 등 현실적인 이유로 양적인 논문을 쓰는 사람들이 많은 이유다.

KCI급 논문과 SSCI급 논문의 차별성

KCI(Korea Citation Index)급 논문은 한국연구재단에 등재된 학술지 논문 혹은 등재후보 학술지 논문을 의미한다. 한국연구재단 등재지가 등재후보지에 비해 상대적으로 질이 높은 논문이라고 볼 수 있다. SSCI(Social Science Citation Index)급 논문은 미국 톰슨 사이언티픽(Thomson Scientific)이 제공하는 사회과학 논문 인용지수다. SCOPUS는 네덜란드 엘비어스(Elsevier) 출판사가 만든 우수 학술논문 인용지수다. 비영어권 국가의 논문이 많다. SSCI와 SCOPUS에 등재된 논문들은 대부분 영어로 쓰인다.

KCI급 학술지나 SSCI급 학술지, SCOPUS급 학술지 모두 논문인용지수(IF · Impact Factor)가 높을수록 우수하다고 평가받는다. 한글로 쓰이는 것이 일반적인 KCI급 논문이 영어로 쓰이는 것이 일반적인 SSCI급 논문에 비해 반드시 우수한 것은 아니다. 학술적 가치가 전무한 SSCI급 논문도 많고, 학술적 가치가 매우 높은 KCI급 논문도 많기 때문이다. 그러나 박사를 채용하는 대부분의 연구소와 대학은 SSCI급 논문이 KCI급 논문에 비해 질적 가치가 높다고 평가하고 있다. 예컨대 동명대학교는 채용과정에서 SSCI급 논문 1편에 40점(SCOPUS 1편에 20점), KCI 등재 논문 1편에 15점(등재후보 논문 1편에 10점)을 배점하고 있다. SSCI급 논문 1편이 KCI급 논문 2편 이상의 가치가 있다고 보고 있는 것이다. 이러한 채용 경향은 전국 대학이 대동소이하다. 그러나 모든 SSCI급 논문이 KCI급 논문에 비해 우수하다고 볼 수 없기 때문에 SSCI급 논문 1편을 KCI급 논문 2~3편으로 치환하여 평가하는 것이 과연 바람직한 것인가에 대한 비판의 목소리도 존재한다.

박사 과정 중 KCI급 학술지 논문 준비

전일제 박사 과정이 4년 정도 진행된다고 할 때, 박사 과정을 수료한 3년 차부터 2년간은 본격적으로 학술지 논문을 써야 한다. 2년간 KCI급 논문 2~3편씩, 최소 4~6편 정도의 전문 학술지 논문 실적이 있어야 졸업 시점에 맞추어 연구원 또는 교수직에 지원할 수 있다. 일반적으로 연구소나 대학은 지원 시점 기준 최근 3년간의 논문만을 제출하라고 요구한다. 그러나 박사 학위 논문을 준비하는 동시에 매년 2~3편의 논문을 쓰는 것은 매우 어려운 일이다. 게다가 논문 초고를 완성한 후 KCI급 학술지에 투고를 신청하고, 논문이 게재되기까지는 최소 2개월에서 6개월 정도의 시간이 필요하다. 박사 수료 후 2년 동안 4~6편의 논문을 쓰는 것은 말처럼 쉬운 일이 아니다.

결국, 박사 학위 취득 시점에 최소 4~6편의 논문 실적을 확보하기 위해서는 박사 과정 중에 논문의 아이디어를 고민하고, 발전시켜야 한다. 박사 과정의 전반부인 1~2년 차에는 적어도 10과목 정도의 수업을 수강해야 한다. 한양대학교에서 박사 과정을 했던 나는 매 수업의 종강 무렵 소논문을 작성해서 과제로 제출했다. 학기말 과제로 소논문을 작성하는 것은 대부분의 대학원이 대동소이하다. 물론 1학기 동안 진행되는 수업의 특성상 결과와 결론까지 작성한 후 제출한 논문은 많지 않았다. 대부분은 서론, 이론적 논의, 연구방법론까지만 작성했다. 다만, 나는 학기중 연구방법론까지 작성된 모든 과제물을 방학 때 완성시켰다. 그리고 KCI급 학술지에 투고했다. 이러한 방식으로 거의 모든 수업의 과제를 전문 학술지 논문으로 만들 수 있었다. 3년 6개월간의 박사 과정 중 30편이 넘는 KCI급 논문을 확보할 수 있었던 이유다.

결과적으로 박사 과정 중 적게는 4편, 많게는 6편 이상의 전문 학술지 논문을 쓰기 위해서는 박사 과정 중 수업의 과제로 제출한 소논문을 방학 중에 발전시키는 전략이 필요하다. 전문 학술지 논문을 쓰고, 학술지에 논문을 투고하고, 심사를 받는 과정은 먼저 박사 과정을 시작한 선배나 지도교수, 혹은 수업 담당 교수의 도움을 받는 것이 효과적이다. 커뮤니케이션북스에서 출판된 『이정기처럼 사회과학 논문 쓰기』(2017)라는 책의 도움을 받을 수도 있다.

박사 과정 중 SSCI급 학술지 논문 준비

사회과학 분야, 특히 커뮤니케이션 분야 채용과정에서 SSCI급 논문 우대 경향은 비단 어제오늘만의 문제는 아니다. 문제는 이러한 경향을 알고 있는 대학과 교수진이 자신의 박사 과정 학생들이 SSCI급 논문을 쓸 수 있도록 도움을 주고 있느냐 하는 것이다. 임용을 위해 2~3편의 SSCI급 논문이 필요한 상황인데, 해외 논문 쓰기에 익숙지 않은 국내 박사들이 혼자 SSCI급 논문을 쓰기란 매우 어려운 일이다. 심지어 미국에서 박사 학위를 하는 박사 과정 학생들도 미국 교수진의 도움을 받아 공저로 SSCI급 논문을 출판하는 경우가 대부분이다.

결국 국내 대학원 박사 과정 학생이 SSCI급 논문을 쓰기 위해서는 영어권에서 학위를 취득한 교수진의 도움을 받아야 한다. 물론 SSCI급 논문을 교수가 쓰고, 대학원생의 이름을 넣어 줄 수는 없는 일이다. 이는 연구윤리 위반 행위이자 범죄 행위다. 그러나 자신이 속한 박사 과정 학생과 지도교수가 함께 아이디어를 내고, 공동으로 논문을 작성하는 과정에서 전문적인 표현을 교수진이 주도적으로 써 가는 과정을 통해 박사 과정 중에도 충분히 SSCI급 논문을 게재할 수 있다. 분석은 학생이, 쓰기는 교수가 주도하는 등의 분업을 통한 SSCI급 논문 생산도 가능할 것이다. 중요한 건 자신이 가르치고 있는 박사 과정 학생의 미래를 걱정하는 교수진의 의지일 것이다.

나는 다행히도 박사 과정과 박사 취득 이후 한양대학교 교수진(우형진, 전범수 교수님)과 미국에서 박사 학위를 취득한 석사 동기(상윤모 교수) 등의 도움으로 SCI, SSCI, SCOPUS급 논문을 몇 편 출판할 수 있었다. 당연히 모두 공동 논문이었다. 나는 아이디어와 분석, 일부 영문 작성 등에 참여했다. 결과적으로 영어에 자신이 없지만, SSCI급 논문에 도전해 보고자 하는 박사 과정 학생은 박사 과정 중 교수진과 상담을 통해 적극적으로 SSCI급 논문의 필요성을 이야기하고, 논문 작성을 위한 아이디어를 제시하는 등의 노력을 기울여야 한다. 대학의 교수들 역시 대학원생이 SSCI급 논문을 쓸 수 있도록 독려하고, 영어 쓰기에 익숙지 않은 학생들을 고려한 공동 연구 계획을 수립할 필요가 있다. 교수 채용 과정에서 SSCI급 논문을 우대하는 대학에서 대학원생들의 SSCI급 논문 작성을 독려하고, 돕지 않는 것은 자신의 대학원생을 교수로 성장시킬 의지가 없다는 것과 다름없는 행위라고 생각한다.

참고 문헌

이정기(2017). 『이정기처럼 사회과학 논문 쓰기』. 서울: 커뮤니케이션북스.

9. 박사 후 취업

대학원 박사 과정을 마치면, 박사 학위를 취득한다. 박사 학위를 취득하면 어떠한 일을 하게 될까. 커뮤니케이션 분야의 박사 학위를 취득한 신진 박사는 연구원[(준)정부기관, 정부 출연 연구원, 언론사, 대학]이 되거나 강사 활동을 하게 된다. 대학의 공개채용이나 한국연구재단의 지원 프로그램을 통해 국내외 박사 후 과정 연구원이나 연구교수가 될 수도 있다. 그러나 박사 과정에 들어간 많은 사람들의 꿈은 정년트랙 교수가 되는 것이다. 본 챕터에서는 커뮤니케이션 분야 박사 취득 후 진출할 수 있는 진로 방향에 대해 정리했다.

연구원: (준)정부기관, 정부 출연 연구원, 언론사, 대학

2009년 9월부터 2013년 2월까지 박사 과정을 했던 나와 비슷한 시기에 한양대학교에서 박사 과정에 있었던 선후배들의 상당수는 연구원으로 활동하고 있다. 예컨대 금현수 박사님(후배)은 한국콘텐츠진흥원 정책본부 산업정책팀 선임연구원으로 근무하면서 콘텐츠 정책 연구를 진행 중이다. 그리고 김효은 박사님(석사과정 동기)는 한국지역민영방송협회에서 정책전문위원으로 활동하고 있다. 또한 조용현 박사님(선배)는 한양대학교 교수학습지원센터에서 교수법 연구 담당 책임연구원(연구교수)로 일하고 있다. 한편, 연구원 활동을 거쳐 교수로 임용된 경우도 있다. 예컨대 최믿음 박사님(후배)은 고려대학교 미디어산업연구센터 연구교수, KBS 공영미디어연구소의 연구원을 거쳐 동덕여대에서 교수 생활을 하고 있다. 그리고 박성순 박사님(후배)은 한국방송협회 연구위원을 거쳐 배재대학에서 교수 생활을 하고 있다.

이처럼 박사 학위를 받은 후의 신진 박사는 정부 출연 연구원이나 언론사, 대학 등의 연구원으로 진출하게 되는 경우가 일반적이다. 앞서 소개한 연구소 이외에 커뮤니케이션학 영역의 박사 학위를 취득한 후의 박사들은 전공 영역에 따라 한국언론진흥재단(미디어, 저널리즘 연구), 한국방송광고진흥공사(미디어, 광고 연구), 한국방송협회(방송 산업 연구)의 연구위원이나 방송문화진흥회, SBS, EBS, TBS 등 언론사 연구원, 방송통신심의위원회, 시청자미디어재단 등 (준)정부기관, 정보통신정책연구원, 한국청소년정책연구원, 통일연구원 등의 정부 출연 연구기관이나 미디어미래연구소, 공공미디어연구소 등의 민간 연구소, 서울대학교, 연세대학교, 고려대학교, 한양대학교 등 국내 대학 부설 연구소에서 연구 활동을 진행할 수도 있다.

각 연구기관은 공개 채용의 형태로 채용이 이루어진다. 서류 전형과 면접 전형을 기본으로 하되 일부 연구기관은 논문 발표나 직무수행 계획 발표 등을 추가적으로 진행하기도 한다. 예컨대 한국언론진흥재단은 2019년 하반기에 서류 전형과 1차 PT면접(주요 연구

실적 및 향후 직무수행 계획)과 2차 인성면접을 통해 연구위원을 무기계약직으로 채용한 바 있다. 아울러 한국콘텐츠진흥원은 2019년 상반기에 서류 전형과 NCS 직업기초능력평가(대인관계/직업윤리), 역량면접, 최종면접을 거쳐 콘텐츠산업연구 분야 박사를 무기계약직으로 채용한 바 있다. 이처럼 많은 연구원이 무기계약직으로 박사를 채용한다. 그러나 정보통신정책연구원, 한국청소년정책연구원 등 정부 출연 연구원의 경우 정규직으로 박사를 채용하는 것이 일반적이다.

강사

나는 2009년 9월에 박사 과정에 입학해서 2011년 6월 박사 과정을 수료했다. 그리고 2013년 2월 박사 학위를 받았다. 첫 강의는 박사 과정 중이던 2011년 3월 한세대학교에서 했다. 박사 수료 이후에는 한양대학교 신문방송학과, 문화콘텐츠학과, 창의융합교육원(교양학부)에서 꽤 많은 시수의 강의를 했다. 당시에는 박사 과정 중 강사(이른바 시간강사) 활동을 하는 것이 일반적이었다.

박사 과정 중 강사로 활동하는 것은 두 가지 측면의 장점이 있다. 첫째, 강의 능력을 배양할 수 있다. 이것은 마치 중·고등학교 선생님이 되기 전 사범대학 시절 교생실습을 받는 학생들과 같은 맥락이라고 볼 수 있다. 둘째, 인문사회 계열 대학원생의 생활비의 원천이 될 수 있다. 인문사회 계열 대학원생은 공학 계열 대학원생과 달리 월급이나 프로젝트를 해서 받을 수 있는 비용이 제한적이다. 따라서 강의를 통해 받을 수 있는 돈은 적지만 매우 유용하게 활용될 수 있다. 그러나 최근 커뮤니케이션 관련 학과를 두고 있는 많은 대학들이 박사 학위를 강사 채용의 조건으로 두고 있어 박사 과정 중 강의 경력을 쌓거나 용돈을 벌기 어려워졌다. 실제로 2019년 상반기에 박사 학위를 받은 후배 한 명은 매우 우수한 연구실적을 가지고 있었음에도 박사 과정 중 강의를 하지 못했다.

특히 대부분의 대학이 몇 해 전부터 강사법에 대응해 강사를 비롯한 비전임 교강사를 공개채용의 형태로 채용하고 있다. 예컨대 부산의 A대학교는 2020년 1학기 강의를 담당할 강사를 공개채용[서류심사(기초심사, 전공심사), 면접심사]의 형태로 채용했다. 대부분의 대학들의 강사를 채용하는 과정도 대동소이하다. 한편, 강사법은 2019년 8월 1일, 대학 시간강사의 고용 안정과 처우 개선을 위해 시행된 법이다. 이 법에 의해 대학은 강사를 1년 이상 채용, 3년 동안 재임용 절차를 보장해야 한다. 다만, 강사법에 의해 몇몇 강사들의 처우가 다소 나아졌지만, 7,800여 명 이상의 강사가 실직하게 됐다는 문제제기(권용선, 2019. 12. 11.)도 존재한다.

박사 후 과정 연구원, 연구교수

박사 학위를 취득한 후 국내외 대학 사업단의 박사후 과정 연구원(Post Doc) 또는 연구교수로 임용되는 경우도 있다. 국내 대학 박사 후 연구원 또는 연구교수역시 공개채용을 기본으로 한다. 예컨대 2015년 상반기, 성균관대학교 인터랙션사이언스학과와 BK사업단은 서류심사와 면접심사를 통해 박사 후 과정(연구교수)을 초빙했다. 그리고 2019년 9월 성균관대학교 미디어커뮤니케이션 BK21플러스 사업단은 서류심사와 면접심사를 통해 미디어커뮤니케이션 분야 신진연구인력을 채용했다. 이 밖에 2019년 11월 한림대학교 건강과 뉴미디어 연구센터는 건강/환경 커뮤니케이션 또는 뉴미디어 분야 연구교수를 채용했다. 박사 후 과정 연구원 또는 연구교수는 상근을 원칙으로 하고, 학교 규정에 의해 강의시간이 제한된다. 1~2년 내외로 근무할 수 있고, 3,000만 원 내외의 연봉을 받는 것이 일반적이다.

국내에서 박사 학위를 마친 후 해외 대학에서 박사 후 과정 연구원을 하는 박사들도 있다. 이는 해외의 학문을 경험해 보겠다는 신진 박사들의 지적인 욕구와 함께 교수 임용 과정에서 영어 논문과 영어 강의의 중요성이 절대직인 한국 사회의 현실과 무관치 않아 보인다.

한편, 박사 후 과정과 연구교수 채용이 각 대학의 공개채용을 통해서만 이루어지는 것은 아니다. 한국연구재단은 국내외 대학에서 박사 학위 취득 후 5년이 경과하지 않은 국내 국적 소지자에 한해 연구 활동을 지원하는 이른바 학문후속세대(박사 후 국내 연수, 학술연구교수) 지원 사업을 진행하고 있다. 박사 후 국내 연수생에게는 연간 3,400만 원을, 연구교수에게는 연간 4,000만 원을 지원하고 있다. 한국연구재단에 연구계획서를 제출하고 심사에 통과해야 지원을 받을 수 있다.

교수

대학원 과정에 뛰어든 연구자들이 상당수는 안정적인 상태에서 학생들을 가르치고, 연구를 할 수 있는 교수직을 희망하는 편이다. 다만, 학령인구가 줄어들고 있고, 교수직에 대한 수요보다 공급이 터무니없이 적은 구조적인 상황에 의해 커뮤니케이션학 분야의 채용이 활발하지 못한 상황이다. 아울러 많은 대학들이 경영의 위기, 비용절감 등을 이유로 정년트랙 전임교원보다 비정년트랙 전임교원 채용을 선호하는 경향이 있어서 정년트랙 전임교원 임용은 매우 어려운 편이다. 여기에서 정년트랙 전임교수는 성과에 따라 정년이 보장되는 과정으로 갈 수 있는 이른바 정규직 교수를 의미한다. 물론 정년트랙 전임교수 역시 부교수, 정교수 승진 과정에서 몇 차례 계약을 해야 한다는 측면에서 계약직이라고 볼 수도 있다. 그리고 비정년트랙 전임교수는 2년(혹은 1년) 단위로 계약을 갱신해야 하는 강의전담교수, 연구교수, 산학협력중점교수, 외국인교수 등을 통칭한다.

정년트랙 전임 교수의 채용은 서류 전형, 공개 강의, 면접 전형 등으로 구분된다. 지원 자격으로 국내외 학술지 논문 실적과 산업계 경력 등을 요구하는 것이 일반적이다. 예컨대 2020년 3월 임용 교수를 채용한 한신대학교는 3년간 연구실적 200점 이상인 자를 채용 조건으로 두었다. 그리고 기초 및 전공심사(5배수), 적성심사(공개강의)(3배수), 총장 면접심사, 법인이사회 면접심사 등을 통해 정년트랙 전임 교수를 채용했다. 한편, 한신대학교는 기초 및 전공심사, 면접심사, 교원심사위원회 심의 등을 통해 비전임 교원(초빙 교원)을 채용했다. 대부분의 대학이 한신대학교와 대동소이한 교수 채용 절차를 가지고 있다.

한편, 박사는 연구원, 박사 후 과정, 강사, 교수 채용 이후에도 꾸준히 연구 활동을 진행해야 한다. 연구 실적이 없을 경우 연구원, 박사 후 과정, 강사직에 있는 박사들은 타 분야로의 이직이 쉽지 않다. 대부분의 연구원이나 대학은 박사의 연구실적을 기준으로 채용 여부를 결정하기 때문이다. 그리고 연구 실적이 부족한 교수는 재임용에서 탈락하거나 승진을 하지 못할 수 있다. 박사는 어떠한 상황에서라도 꾸준히 연구를 진행해야만 하는 존재라고 할 수 있다.

참고 문헌

권용선(2019. 12. 11.). 아름답고 완벽한 강사법? '강사공채'는 거대한 블랙코미디. <오마이뉴스>, http://www.ohmynews.com/NWS_Web/View/at_pg.aspx?CNTN_CD=A0002597428&CMPT_CD=P0010&utm_source=naver&utm_medium=newsearch&utm_campaign=naver_news

10. 대학원 발전 조건

국내 사회과학 영역, 커뮤니케이션학 분야의 대학원은 여러 가지 구조적 문제를 가지고 있다. 국내 커뮤니케이션학 대학원의 성장을 위해서는 대학원생이 학문에만 전념할 수 있도록 정부와 대학 차원의 지원이 필요하다. 아울러 자신이 배출한 우수한 대학원생을 교수로 채용하는 사례를 만들어 나가야 한다. 대학원생에 대한 교직원들의 존중도 필요하다. 본 챕터에서는 국내 커뮤니케이션학 대학원이 한 단계 성장하기 위한 조건에 대해 논했다.

사회과학 대학원생 지원의 필요성

사회과학은 공학과는 전혀 다른 종류의 학문이다.

사회과학은 공학과는 달리 사회와 인간에 대해 탐구하기 때문에 연구결과에 대한 산출물이 논문과 저서 등에 한정될 수밖에 없다. 공학 연구자처럼 특허를 취득하기 어렵고, 억 단위의 프로젝트를 수주하기도 어렵다. 예컨대 커뮤니케이션학 영역 학자들이 지원할 수 있는 대규모 프로젝트인 한국언론진흥재단의 프로젝트의 경우 3,000만 원 내외의 수준에 불과하다. 이마저도 경쟁이 매우 치열해서 프로젝트를 수주하는 것은 하늘의 별 따기와 같다.

이처럼 커뮤니케이션학 분야에서 교수들이 진행할 수 있는 개별 프로젝트가 제한되다 보니 BK21 등의 국고사업을 진행하지 않는 대부분의 대학의 경우 대학원생들에게 지원할 수 있는 연구비, 프로젝트 비용이 매우 제한적이다. 대부분 일정 정도의 연구비를 받으면서 석·박사 과정을 할 수 있는 공학 계열의 사정과는 확연하게 차이가 있다.

나는 박사 과정을 하면서 한양대학교(서울, ERICA) 언론고시반 교육조교 활동을 했다. 교육조교는 학과의 실습실 관리, 행정 등을 돕는 역할을 담당한다. 당시

한 학기당 등록금은 430만 원 내외였고, 교육조교 활동을 하면서 감면받은 장학금 300만 원을 제외한 130만 원을 내고 학교에 다녔다. 석사 과정을 할 때는 연구조교 활동을 했다. 연구조교는 교수의 연구 활동을 보조하는 역할을 담당한다. 연구조교 활동을 하면서도 학기당 300만 원의 장학금을 받았고, 130만 원 정도를 내고 학교에 다녔다.

결국 등록금에 대한 부담이 있는 학생은 대학원 공부와 함께 조교 활동을 해야 한다. 물론 일반적으로 교육조교와 연구조교의 업무가 과중하지는 않다. 충분히 공부와 병행할 수 있고, 때로는 본인의 공부에 도움을 얻을 수도 있다. 문제는 조교활동을 한다고 해도 여전히 100만 원 이상의 등록금이 필요하고, 그 이상의 생활비가 필요하다는 것이다. 특히 나처럼 부산에서 대학을 다니고 서울로 대학원을 진학한 경우는 고시원 비용 등 최소한의 방값이 필요하다. 나는 석사 과정 때는 한양대 연구조교와 한양사이버대 수업 조교를 병행하면서 용돈을 벌었고, 박사 과정 때는 한국장학재단의 국가연구장학생에 선발되어 학비와 생활비에 도움을 받을 수 있었다. 부족한 생활비를 벌기 위해 자기소개서와 이력서 컨설팅을 하기도 했다. 나의 경우 운이 좋은 편이었다. 그러나 경제적인 부담 때문에 대학원 과정을 포기하거나 대학원 과정에 전념하지 못하는 수많은 사람들을 봤다.

나는 학문에 대한 열의를 가졌지만 경제적으로 어려운 사회과학 계열 학생이 경제적 부담 때문에 대학원에 진학하지 못하게 되거나 경제적으로 어려움을 겪는 사회과학 대학원생이 경제적 부담 때문에 대학원 공부에 전념하지 못하게 되는 일이 발생해서는 안 된다고 생각한다. 한국연구재단, 한국장학재단 등은 경제적으로 어려움을 겪는 우수한 사회과학 계열 대학원생들이 보다 안정적인 환경에서 공부를 할 수 있도록 다양한 경제적 지원을 할 필요가 있다. 대학 역시 사회과학 계열 대학원생과 공학 계열 대학원생들의 생활 실태를 파악하고, 경제적으로 어려움을 겪는 우수한 사회과학 계열 대학원생들이 보다 안정적인 상황에서 공부를 할 수 있도록 각종 지원책을 고민할 필요가 있다. 학문에 잠재력이 있는 우수한 학부생들에게 대학원에서 공부할 기회를 주고, 그들을 좋은 학자로 키워 내는 것이야 말로 대학과 한국 사회의 발전을 위한 가장 확실한 투자일 것이다.

국내 박사 채용을 꺼리는 대학의 자성

한국 대학은 외국, 특히 영어권 대학에서 공부를 한 박사들을 선호한다. 커뮤니케이션학 분야도 마찬가지다. 대부분의 대학은 채용과정에서 영어로 쓰인 논문인 SSCI급 논문을 작성한 박사를 우대하거나 영어 강의 가능자를 우대한다. 더 나아가 SSCI급 국제 학술지 논문을 몇 편 이상 쓴 사람만 지원할 수 있다고 지원 자격을 명시하거나 영어 면접이나 영어 강의를 필수화한 학교도 존재한다. 물론 이러한 현상은 대학평가를 중시하는 대학의 판단에 근거한 것이다.

한편, 교수 채용과정에서 영어 논문과 영어 강의 가능자를 우대한다는 것은 한국에서 박사 학위를 취득한 사람이 교수로 채용될 가능성이 거의 없다는 것을 의미한다. 실제로 최근 커뮤니케이션학 분야의 신임교수의 대부분은 미국 등 영어권에서 박사 학위를 취득한 사람이다. 특정 대학에서 배출한 박사를 그 대학에서 채용하는 경우도 드물다. KCI급 국내 전문학술지에 수많은 논문을 작성했고, 강의에서 좋은 평가를 받은 박사라고 해도 마찬가지다. 해당 박사가 외국 박사가 아니고, SSCI급 논문이 없거나 적고, 영어 강의에 익숙하지 않기 때문일 것이다.

그러나 현실적으로 한국 사회에서 대학원생이 교수의 도움 없이 SSCI급 논문을 작성하기는 매우 어렵다. 미국 등 영어권에서 박사 학위를 취득한 박사들에 비해 한국에서 박사 학위를 취득한 박사가 영어를 못 하는 것도 당연한 일이다. 그러나 한국에서 박사 학위를 취득한 박사들은 국내 대학 교수의 다수를 차지하고 있는 유학파 교수진에게 외국과 한국 현실이 접목된 학문을 전수받았기에 해외에서 박사 학위를 취득한 박사들에 비해 한국적 현실에 부합하는 연구를 더 잘할 수 있는 가능성이 있다. 그리고 학위 취득을 위한 공부와 함께 학회 활동 등 다양한 학술적인 활동을 병행하면서 공부를 해 왔기에 학문적 융통성도 갖추고 있다. 그러나 이러한 장점을 우대하는 대학은 존재하지 않는다. 일부 유학파 교수진은 자신이 가르치는 대학원보다 자신이 공부한 대학원이 우수하다고 생각하는 사대주의적 생각을 가지고 있기도 하다. 결과적으로 자신이 다니고 있는 대학원에서 박사 학위를 취득해도 그 대학의 교수가 될 가능성이 없는 상황은 대학원생의 학업에 대한 동기를 약화시킬 수밖에 없다. 실제로 국내에서 박사 학위를 취득한 선후배들은 자조적으로 "우리는 절대 이 학교의 교수가 될 수 없어. 결국 유학 갔다 온 누군가가 교수가 되겠지"라는 말을 하곤 한다. 학업에 대한 동기 저하는 국내 대학원의 활성화를 저해하는 요인이 될 것이다.

실제로 최근 국내 대학원에 한국 대학원생이 줄어들고 있다. 한국에서 대학원을 졸업해도 교수로 채용되지 않는 구조가 국내 박사의 자존감을 낮추고, 연구를 하고자 하는 학생들을 해외로 떠미는 구조를 만들어 낸 것이라고 생각해 볼 수 있다. 국내에서 박사 학위를 취득해도 우수한 학술적 성과를 거두었다면(굳이 SSCI급 논문이 아니라고 해도) 그를 교수로 채용하는 분위기를 조성해야 한다. 외국에서 박사 학위를 취득한 대학의 교수가 대학원생 혼자 진행하기 어려운 대학원생의 SSCI급 논문 작성(영어 쓰기)을 도와주고, 외국어 강의에 대한 팁을 전수하는 등의 적극적인 노력을 기울인다면, 한국에서 박사 학위를 받은 커뮤니케이션학 연구자가 교수로 채용될 가능성이 높아질 것이다. 그리고 국내 박사도 교수로 채용되는 사례가 누적될 때, 국내 대학원이 활성화될 수 있을 것이다.

대학원생에 대한 존중

한국 사회의 대학은 다양한 위계적 구조를 가지고 있다. 대학은 수도권 대학(이른바 명문대학)과 지방대학(이른바 지잡대)으로 구분된다. 그리고 지방대학은 국립대와 사립대로 구분된다. 교수는 정년트랙과 비정년트랙으로 구분된다. 정년트랙은 호봉제와 연봉제로 구분된다. 비정년트랙은 전임교수와 비전임교수로 구분되고, 비전임교수는 연구, 강의, 초빙교수와 강사로 구분된다. 즉 강사는 대학 교원의 위계 중 가장 아래에 위치하고 있다. 한편, 직원 역시 정규직과 비정규직으로 구분되고, 비정규직 직원은 일반 비정규직 직원과 조교 등으로 구분된다. 즉 조교는 대학 직원의 위계 중 가장 아래에 위치하고 있다.

대학에서 전일제 대학원생은 직원 역할의 말단인 조교의 역할을 하는 동시에 교원 역할의 말단인 강사의 역할을 하게 되는 경우가 많다. 교직원도, 학부생도, 그렇다고 직원도 아닌 어중간한 위치에 있는 대학원생은 대학이라는 조직 속에서 소외받는 경우가 많다. 일부 몰지각한 교수에 한정된 이야기이지만 연구와 관련 없는 개인적 심부름을 시키는 교수들의 이른바 갑질에 의해 고통받는 대학원생들에 대한 이야기는 비단 어제오늘만의 일은 아니다. 아울러 박사 과정 중이거나 대학원을 막 졸업하고 강단에 선 강사들은 일부 직원들의 고압적인 태도에 상처받는 경우가 많다. 대학은 교육기관인 동시에 연구기관이다. 그리고 대학원생은 미래 대학 교육과 연구를 책임질 학문 후속 세대이다. 대학원생들이 좋은 연구, 좋은 강의를 할 수 있도록 대학 사회가 대학원생을 존중하고 배려하지 않는다면 국내 대학원은 질적인 성장을 기대할 수 없다.

Part 2

外国人 黄牛념
박사의 사례

서문. 누가, 왜 한국 대학원에 가는가

외국인들의 한국 대학원 진학 동기의 다양성

외국인들이 다른 나라가 아닌, 한국의 대학원에 진학을 선택하는 이유는 다양하다. 나의 경험과 내 주변에서 한국 유학 생활을 한 선·후배, 동기들의 상황을 종합적으로 정리하면, 외국인들의 한국 대학원 진학 동기는 크게 다섯 가지 유형으로 구분될 수 있다.

첫째, 장학금 유치형이다. 어느 국가의 학생이든지 유학에 관한 결정을 내리기 전에 금전적 고민을 하지 않을 수 없다. 일반적으로 외국인들은 유학 전 단순히 대학에 대한 고민만 하지 않는다. 대학 등록금뿐만 아니라, 해당 국가의 물가 수준에 따라 숙소(기숙사 등)와 같은 기초적 생활비 등을 생각할 수밖에 없다.

결과적으로 유학 전 유학 국가 또는 대학원을 고려

할 때 국가 또는 특정 도시에 대한 선호도와 학교의 학술적 명성(인지도)도 중요한 고려 사항이겠지만, 장학금 등과 같은 경제적 지원 여부가 유학 대상 국가의 대학원 결정에 큰 영향력을 미칠 가능성이 높다.

다행히 한국과 한국의 각 대학들은 외국 유학생(대학원생) 유치를 위한 장학제도가 상당히 잘 마련되어 있는 편이다. 내 주변의 많은 대만 학생들이 이러한 이유로 한국 유학을 선택하게 됐다. 예컨대, 한국 대학원에 유학하고자 하는 외국인이 한국 정부장학금[1] 대상자에 선정되면, 학비뿐만 아니라, 항공료, 생활비, 의료보험료, 어학과정 비용, 연구비, 논문인쇄비, 귀국준비금 등 다양한 지원을 받을 수 있다. 한국 유학 동안의 경제적 부담이 거의 들지 않을 수 있게 되는 것이다.

정부뿐만 아니라 한국의 각 대학들도 외국인 대학원생을 위한 다양한 장학제도들을 마련하고 있다. 예컨대 한양대학교는 "한양국제장학금(HISP)", "어학성적우수

---

[1] 정부초청장학제도(Global Korea Scholarship)는 한국 교육부 산하 국립국제교육원에서 주관하는 외국인 대상 장학제도다. 지원 가능 과정은 학부, 대학원 그리고 연구과정 등이 포함된다(StudyinKorea 사이트 참조. URL: https://www.studyinkorea.go.kr/).

장학금", 그리고 "이공계활성화 장학금", "산학협력단 석박사통합 이공계활성화 장학금", "국제학대학원 및 융합산업대학원 외국인장학금", "한양동문 장학금" 등의 장학제도를 갖추고 있다. 또한 대학원에 재학 중인 유학생을 대상으로 "한양우수장학금(HIEA)"과 "TOPIK 장학금" 등을 제공하고 있다. 물론 장학금별로 규정된 조건과 지급될 금액의 차이는 있다. 그러나 심사 결과에 따라 최대 100%의 학비 감면 혜택을 누릴 수 있다. 나는 박사 과정 입학 시 한양국제장학금(HISP) 대상자가 되어 등록금의 50%를 감면 받았고, 대학원 수료 후 연구등록금 전액을 감면 받을 수 있었다. 그리고 TOPIK 등급 및 대학원 성적 우수자로 한양우수장학생에 선발된 이후에는 등록금의 100%를 감면 받을 수 있었다.

한편, 자신의 출신대학이 자신이 진학하고자 하는 한국의 대학과 협정을 맺은 이른바 자매대학이라면, 대학원 교환학생 지원 제도 등을 활용할 경우 유학 동안의 경제적 부담을 줄일 수 있다. 나는 석사 과정 시절 나의 출신 대학인 대만 정치대학교와 자매대학인 한국 한양대학교에 입학하게 되면서, 등록금 전액과 기숙사를 무료로 제공받았고, 졸업 때까지 생활비를 월 50만 원씩 제공받았다. 물론 이러한 혜택은 학교마다 다르고, 해마다 다를 수 있다.

둘째, 한국 언어/대중문화 관심형이다. 2000년대 이후 한국의 드라마, 영화, K-POP 등의 문화산업이 한류라는 이름으로 확산되기 시작했다. 한류는 긍정적 한국 이미지 형성에 상당한 기여를 했다(황우념, 2020). 주변 외국인 유학생들과 이야기를 하다 보면, 상당히 많은 유학생들이 한국 유학을 선택하는 이유로 한국과 한국 대중문화에 대한 관심을 꼽는다는 것을 알 수 있다.

이들은 한국의 대중문화를 통해 한국에 대한 관심을 가지게 되고, 한국의 언어와 문화를 배우고 싶어 한다. 하지만 본국에서 한국과 관련된 정보와 언어, 문화에 대한 학습을 하는 것에는 한계가 있을 수밖에 없다. 한국 유학을 선택하는 것은 그들에게 한국에서 실제로 살아보고 한국을 경험할 수 있게 만드는 좋은 기회가 된다.

셋째, 관심 분야 연구 지향형이다. 이 유형은 자신의 전공 또는 관심 분야가 한국과 밀접한 관련이 있기 때문에 한국 유학을 선택하게 되는 학술적 목적의 유학형이라고 볼 수 있다.

예컨대, 한국어 전공자, 동북아 국제관계 전공자, 동양 문화 또는.동양 예술 전공자 등은 자연스럽게 한국 유학을 선택하게 될 것이다. 아울러 한국 정치, 한국 방송 산업, 한국의 문화 산업 등에 관심을 가지고 있는 연구자들도 자연스럽게 한국 유학을 결정하게 될 것이다.

한국 언어/대중문화 관심형과 관심 분야 연구 지향형이 유사한 유형이라고 생각될 수도 있을 것이다. 그러나 한국 언어/문화 관심형은 단순히 대중문화 때문에 한국에 관심을 가지게 된 유형이라고 한다면, 관심 분야 연구 지향형은 보다 더 뚜렷한 학술적 목적성을 보이는 유형이라고 할 수 있다.

넷째, 취업 추구형이다. 취업을 위해 한국에서 취득한 학위가 플러스 요인이 될 수 있다는 판단 아래 한국 유학을 선택하는 사람들의 유형을 의미한다. 특히 한국 기업이나 한국 기업과 비즈니스를 할 자국 기업에서 직장을 가지길 원하는 사람들은 자연스럽게 한국 유학을 선택하게 될 가능성이 높다. 한국에서 유학 생활을 하는 동안 자연스럽게 한국어 능력이 향상될 수 있고, 다양한 문화적 체험을 할 수 있다. 특히 한국 대학원에서 취득한 학위는 한국어와 한국 문화에 대한 이해도를 증명하는 일종의 자격증으로 기능할 수 있다.

한국의 국제적인 위상이 높아지면서 국제적인 문화 교류, 경제적 교류 등의 빈도가 높아지고 있다. 이에 따라 각 국가에서 한국어 능통자 또는 한국 전문가들의 수요가 과거에 비해 높아지고 있다. 더욱이 영어, 중국어, 일본어 등의 언어보다 한국어에 능통한 인재가 상대적으로 적은 편이고, 각 국가에 영미권, 중화권, 일본권보다 한국을 잘 아는 한국 전문가들이 여전히 많지 않은 편이다. 이런 점을 감안하면 한국 유학은 한국 관련 일을 취급하는 기업의 취업에 매우 유리한 조건이 될 수 있다.

한편, 최근 중국 정부는 대학교육 선진화를 위한 '일류대학·일류학과 건설정책(쌍일류 정책)'을 내놓았다. 이에 따라 단기간에 박사 학위를 취득하려는 석사 출신 중국인 교수들이 한국의 대학에 몰려드는 현상도 나타나고 있다(임우선·강동웅, 2019. 5. 20.).

다섯째, 한국 생활 적응 지향형이다. 이 유형은 앞에서 열거한 네 가지 유형과는 다소 다른 특성을 가지고 있다. 전술한 네 가지 유형들은 일반적으로 각각의 다른 목적으로 해외에서 한국으로 넘어와 진학을 하는 경우를 의미한다. 이와 달리, 한국 생활 적응 지향형은 이미 다른 목적으로 한국에 들어와 있다가 한국 생활에 보다 잘 적응하기 위해 진학을 선택하는 경우를 의미한다.

구체적으로 배우자나 가족이 직장 문제로 한국에 오게 됨에 따라 같이 한국에 들어온 외국인, 또는 한국 사람과 결혼한 결혼 이주민들이 이 유형에 해당될 가능성이 있다. 이들은 한국 생활에 적응하기 위해 기본적으로 한국어를 배운다. 그러나 한국 생활에 적응하는 데에 한국어만 필요한 것은 아니다. 문화적으로 교류할 한국 친구들도 필요하다. 한국 친구들을 상대적으로 쉽게 사귈 수 있는 곳 중 한 곳이 학교다. 즉 친구를 사귀기 위해 한국 대학원에 진학하게 되는 외국인들도 있다.

이상 외국인 유학생이었던 나의 경험과 지인들의 경험 등에 기반하여 외국인들의 한국 대학원 진학 동기를 5가지로 정리했다. 물론 외국인들의 한국 대학원 진학은 단일적인 동기에 의해서만 이루어지지 않는다. 외국인들의 한국 대학원 진학은 다양한 동기 구조가 복합적으로 작용하여 이루어질 가능성이 높다.

나의 대학원 경험

나는 대만인이다. 대만에서 학사를 취득했고, 한국에서 석사, 박사 학위를 취득했다. 내가 한국과 인연을 맺게 된 계기는 2003년에 대만 국립정치대학교(國立政治大學; National Chengchi University; NCCU; 이하 '정치대'로 표기) 한국어문학과에 입학하게 되면서부터다. 대학 입학 이전에는 한국이라는 국가에 대한 개념도 별로 없었고 한국에 대한 관심도 없었다. 한국어문학과에 입학한 것은 단순히 성적 때문이었다.

다만 정치대 한국어문학과는 한국어 학습과 한국 문화를 접할 수 있는 다양한 시스템과 환경이 잘 마련된 곳이었다. 나는 대학에 입학한 후 교수님들과 친구들의 소개로 한국의 영화, 드라마, 예능 프로그램 등과 같은 한국 대중문화를 접하게 됐고, 한국과 한국어에 대한 관심과 흥미가 생기기 시작했다. 관심이 생긴 한국의 문화콘텐츠는 나에게 한국어를 학습하는 과정에서 동기를 부여했다.

대학 재학 동안 한국 유학생들과의 교류도 잦았다. 학내에서 '대만-한국 학생 교류 운동회', '한국 노래자랑 대회' 등의 활동과 이벤트들이 정기적으로 개최됐고, 개인적으로 한국 학생과의 언어교환(Language exchange)[2] 등도 활발하게 이루어졌다. 그리고 방학 기간에는 한국에 있는 대학에 한 달 동안 단기 언어 연수를 하는 프로그램도 진행됐다.

한편, 정치대는 한국의 여러 대학과 자매학교 협정을 체결하고 있었다. 그리고 한국으로 학생들을 보낼 수 있는 교환학생 제도도 가지고 있었다. 6개월 또는 1년간의 학생 교류 프로그램을 통해 학점을 인정해 주

---

2) 각자의 모국어를 서로 가르치는 것을 말한다. 구체적으로 대만 학생이 한국 유학생에게 중국어와 관련된 발음, 문법 등 질문이나 의문점들에 대해 알려 주고, 한국 학생이 대만 학생에게 한국어를 가르치는 것을 이른다.

는 학사 교환학생 제도가 있었고, 대학 졸업 예정자 또는 졸업생을 선발하여 상대 학교의 석사 또는 박사 과정에서 수학할 수 있게 하는 교환학생 제도도 있었다.

나는 1년간 한국 대학에 교환학생을 다녀온 선배들이 한국어 실력이 월등하게 변하는 모습을 보고, 교환학생에 대한 일종의 동경심이 생겼다. 당시 대만에는 한류의 열기가 점차 고조되고 있었지만, 한국어에 능통한 사람들은 많지 않았다. 이에 나는 한국에 유학을 하고, 대만에 돌아오면, 취업에서 유리할 수 있다고 판단했고, 6개월 또는 1년간의 단기 교환학생보다 석사 학위를 취득할 수 있는 교환학생 제도가 더욱 메리트가 있을 수 있다고 생각했다.

더욱이 평소 나는 원래 미디어, 커뮤니케이션과 관련된 학문에 대해 많은 관심을 가지고 있었다. 대학 입시 때 관련 학과에 입학하지 못한 점에 대해 늘 아쉬움을 가지고 있었던 것이다. 그 때문에 나는 전공 수업 이외에 커뮤니케이션 대학에서 개설한 교양수업들을 많이 수강했다. 즉 나에게 학위 교환학생으로 한국 대학원에 진학하는 것은 한국어 실력 향상뿐만 아니라 내가 관심을 가지고 있는 전공을 선택할 수 있게 만들어 준다는 점에서도 아주 매력적인 일이다.

이에 나는 대학교 2학년 끝날 무렵에 교환학생이 되겠다는 목표를 세웠고, 그 목표를 향해 달렸다. 한국에서의 연구계획서를 준비했고, 정치대에서 진행된 한국 유학자 선발 시험을 준비했다. 그리고 토플 등 공인 영어 점수 기준을 맞췄다. 이러한 과정을 거쳐 2007년 6월 대학을 졸업한 직후인 7월 나는 한국행 비행기를 탈 수 있었다. 그리고 그해 9월, 한국 서울특별시에 위치한 한양대학교 신문방송학과에 석사 과정으로 입학했다.

당시 한양대학교에서 나에게 제공해 준 장학 혜택은 매우 많았다. 최대 3년간 학비 전액 감면과 함께 기숙사가 제공됐고, 월 50만 원의 생활비 지원도 이루어졌다. 그래서 나는 석사 과정 동안에 경제적 고민 없이 여유롭게 공부에 전념할 수 있었다. 나는 2년 6개월의 시간이 지난 2010년 2월에 석사 학위를 취득하고 대만으로 돌아가 직장 생활을 시작했다. 나는 한국어 능력과 전공(커뮤니케이션)을 살려 한국 관련 비즈니스를 하는 대만 IT기업(ANTEC 등), 대만과 한국의 비즈니스를 연결해 주는 한국 공기업(대한무역투자진흥공사 타이베이 무역관) 등에서 일했다.

대만에서 약 6년의 직장 생활을 했다. 그러다 대학원 때부터 교제해 온 남자 친구에게 결혼 제안을 받았다. 남자 친구는 그때 이미 한국에서 박사 학위를 취득하고 한양대학교 교수학습지원센터에서 박사급 연구원으로 일하고 있었다. 나는 적지 않은 나이에 대만에서 잘 다니고 있던 좋은 직장을 포기하고 다시 한국에 가서 새로운 삶을 시작해야 한다는 것에 대해 두려움을 느끼고 결혼을 망설일 수밖에 없었다.

망설이던 나의 모습을 본 남자 친구는 나에게 박사 과정 진학을 제안했다. 나는 박사 과정 진학하면, 학교에서 내가 관심 있는 주제에 대한 연구에 몰두하면서 새로운 삶을 시작할 수 있을 것이고, 동시에 새로운 친구들도 만날 수 있을 것이기에 타지 생활에서의 외로움을 충분히 극복할 수 있을 것이라고 생각했다. 그리고 박사 학위를 취득하면 학교에서 강의를 하거나 연구직에 취업하게 될 것이고, 그 경우 비교적 안정적으로 생활을 할 수 있을 것 같아서 박사 과정 진학이 나쁜 선택이 아니라고 생각했다. 물론 커뮤니케이션학은 내가 좋아하는 영역의 학문 분야이기도 했다.

결혼 결정을 하게 된 후 나는 결혼을 준비하는 동시에 대학원 입학 신청과 장학금 신청을 준비해야 했다. 그리고 나의 석사 학위 논문인 "대만 방송뉴스의 선정성 쟁점에 관한 연구: 사례분석과 수용자 인식을 중심으로"를 남편과 함께 보완, 정리해서 2016년 4월에 『대만 방송 뉴스의 현실과 쟁점』(서울: 커뮤니케이션북스)이라는 저서로 출판했다.

대학원에 신청한 나는 50% 학비 감면과 수료 후 연구등록 면제 장학금을 받게 됐다. 2016년 5월 대만에서, 7월 한국에서 결혼식을 치른 후 2016년 9월 1일, 박사 과정을 시작했다. 입학 신청 때 받은 장학금 이외에도 TOPIK 장학금과 학기마다 성적을 기준으로 제공해 주는 장학금을 받아서 최대 100%의 학비 면제를 받았다.

박사 과정 기간 중 나는 총 6편의 논문을 한국연구재단의 등재학술지에 게재했다. 한양대학교 일반대학원의 내규에 따르면 박사 과정의 경우 등재지 혹은 등재후보지 이상의 학술지에 제1 저자 또는 교신 저자로 1편 이상의 논문을 게재해야 학위청구논문 심사 신청이 가능하다. 이러한 내규를 충족하기 위해 나는 박사 과정 1학기 때부터 학기말 텀페이퍼로 제출한 논문들을 수정해서 열심히 투고했다. 결과적으로 나는 내규상의 학위청구논문 심사 조건을 미리 충족할 수 있었고, 3년 6개월이라는 비교적 짧은 기간에 박사 학위를 취득할 수 있었다. 그리고 나는 한양대학교 사회과학 분야 박사 과정 졸업자 중 유일하게 박사학위우수논문상을 취득한 외국인이 될 수 있었다.

Part 2의 구성

　외국인들의 커뮤니케이션학 분야 일반대학원 입학 준비, 생활, 성공적 대학원 생활, 졸업 후 진로 등에 대해 소개하고자 한 Part 2는 4개 챕터로 구성된다. 4개 챕터는 외국인의 한국 대학원 입학을 위한 준비, 외국인의 한국 대학원 생활 적응, 외국인의 성공적 한국 대학원 생활을 위한 조건, 그리고 유학생의 성장을 위한 한국 대학원의 역할로 구성된다.

　챕터 1에서는 외국인들의 한국 대학원 입학을 위한 필수 조건과 준비 사항 등에 대해 정리했다. 아울러 외국인의 한국 대학원 입학 전의 마음가짐 등에 대해 정리했다. 챕터 2에서는 외국인의 한국 대학원 생활 적응 전략에 대해 정리했다. 구체적으로 외국인의 한국 대학원 수업 준비, 논문 준비 과정 등에 대해 정리했다. 챕터 3에서는 외국인들이 한국에서 성공적인 대학원 생활을 하기 위한 노하우를 정리했다. 그리고 챕터 4에서는 외국인이 한국 대학원 졸업 이후의 진로 방향에 대해 정리했다. 그리고 한국 대학원 교수들의 외국인 유

학생 지도의 방향과 대학의 외국인 유학생 지원 방향
에 대해 정리했다.

이 책의 활용

이 책은 두 가지 측면의 목적으로 기획됐다. 첫째,
이 책은 국내의 일반대학원 커뮤니케이션학 대학원 석
사, 박사 과정에 진학하고자 하는 외국인들에게 나의
대학원 경험을 전달하기 위해 기획되었다. 나는 이 책
이 한국 대학원에 지망하는 외국인 지망생들이 한국
대학원 진학과 대학원 생활을 이해하는 데 작은 도움
을 줄 수 있길 기대한다.

둘째, 이 책은 일반대학원에서 외국인 대학원을 선발
하여 교육하고 있는 교수님들에게 외국인 유학생들이 어
떠한 고민을 하고 있는지 전달하기 위해 기획되었다. 국
내 일반대학원의 성장을 위해서는 대학원의 한 축으로
성장한 외국인 대학원생들의 고민을 교수진이 충분히 잘
알고 있어야 하고, 일정한 역할을 해야 한다고 생각하기

때문이다. 이 책이 한국 대학의 교수들이 외국인 대학원생들의 각종 고민을 이해하는 데 작은 도움을 줄 수 있길 기대한다.

참고 문헌

임우선·강동웅(2019. 5. 20.). 한국에 속성 박사유학 "중국의 학위공장 될판." <동아일보>, A1면1단. URL: https://www.donga.com/news/article/all/20190520/95598830/1

황우념(2020). 『한류와 혐한 속 한국 이미지의 형성, 변곡, 그리고 반향: 한국 거주 외국인(대만인)이 바라본 한국 이미지의 과거와 현재』(파주: 한국학술정보).

1. 외국인의 한국 대학원 입학을 위한 준비

이번 장에서는 외국인들이 한국 대학원 커뮤니케이션학과 입학을 위해 어떠한 준비를 해야 하는지에 대해 정리했다. 구체적으로 유학생들은 한국 유학 전 내가 왜 한국 유학을 가야 하는지에 대한 철학적 고민, 어학 능력(한국어, 영어), 대학과 학과, 전공, 교수진에 대한 정보 수집이 필요하다. 아울러 외국인들은 한국 대학원 입학 전에 한국 문화를 이해하고, 적극적으로 학습하겠다는 태도, 한국인들과 적극적으로 교류하겠다는 마음가짐, 대학원 수업이 학부 수업과는 달리 상당히 밀도 높게 이루어지기 때문에 최선을 다해 공부해야 한다는 생각을 가질 필요가 있다.

외국인의 한국 대학원 입학을 위한
필수 조건과 준비 사항

한국 유학이라는 결정을 내리기 전에 먼저 '내가 왜 한국 유학을 가야 하는가?'라는 질문을 스스로에게 해 볼 필요가 있다. 유학은 생각보다 많은 시간과 노력, 그리고 돈이 소비될 수밖에 없는 일이다. 따라서 유학 전 현실적인 면을 신중하게 고민할 필요가 있다. 예컨 대 나의 한국 유학 동기가 무엇이고, 유학의 목적이 무엇인지, 나의 경제적 조건이 유학 생활을 감당하기에 충분한지, 충분하지 않다면 어떻게 유학 비용을 충당할 것인지, 그리고 결과적으로 한국 유학이 나한테 유익한 일이 될 것인지에 대해서도 충분히 고민해 볼 필요가 있다.

그다음은 자신의 어학 능력을 점검할 필요가 있다. 무엇보다도 한국에서 생활하려면 한국어 능력이 필수 적이다. 대학원 수업에 참여하려면 일반 생활용 대화 (회화)뿐만 아니라 듣기, 읽기, 쓰기, 말하기가 모두 중 요하다. 적어도 자신의 전공 분야와 관련된 전문적인 용어는 알아들어야 하고, 교재의 기본적인 독해가 가능해야 한다. 아울러 한국어로 과제를 작성할 수 있을 정도의 글쓰기 능력과 강의에서 자신의 의견을 발표할 수 있을 정도의 말하기 능력을 갖추지 못한다면 대학원 수업의 원활한 진행이 불가능하다. 한국에서 100% 영어로 강의를 진행하는 일반대학원 커뮤니케이션학과는 없다고 해도 과언이 아니다. 설령 있다고 하더라도 한국에서 일반적인 생활을 하기 위해서는 한국어가 필요하고, 한국 친구들과의 교제를 위해서도 한국어가 필요하다. 가끔 한국에 유학을 온 외국인들이 한국어를 쓰지 않고, 영어나 중국어 같은 자신의 언어만을 쓰는 경우를 목격하게 된다. 이는 한국과 한국 문화에 대한 적극적인 이해를 막는 저해요인이 될 수 있다. 공부를 하고자 하는 대학원생의 자세로는 바람직하지 않다고 판단된다.

그리고 비영어권 국가의 외국인들이 영어권이 아닌 한국에 유학을 왔다고 해서 영어 능력이 필요 없는 것도 아니다. 한국의 일반대학원 커뮤니케이션학과의 경우 수업에서 영어 원문 교재나 논문을 읽고, 이해해야 할 경우가 자주 있는 편이기 때문이다. 적어도 대학원 생활 시 교재나 논문들을 읽고 이해하고 한국어로 정리해서 발표할 수 있는 정도의 능력을 갖춰야 한다.

한편, 한국 대학원 입학 신청 시 영어 또는 한국 어학 성적 또는 두 개 모두의 증빙 서류를 필수적으로 요구하는 경우가 있다. 나의 지인 중에는 어학 성적이 기준에 미치지 못해 한국 유학의 기회를 놓친 경우도 있다. 특히 어학 시험들은 매년 정해진 시간에만 접수 가능하고, 성적 처리 기간도 꽤 걸리는 편이기 때문에 미리 준비해 놓는 것이 좋다. 만약 한국어 실력이 부족하다면 한국 대학에서 어학원 과정을 거친 후 토픽 점수 등을 확보한 이후에 대학원에 입학하는 것도 좋은 방법이 될 수 있다.

언어(어학 성적) 문제가 해결되면, 한국 대학원에 입학하기 위해 다양한 학교의 정보들을 수집해야 한다. 한국 유학을 준비하는 대학원 지망생들은 기본적으로 자신이 가고 싶은 학교와 학과 그리고 연구하고자 하는 분야를 전공하는 교수진 등을 미리 염두에 둘 필요가 있다. 학교마다, 그리고 학과와 전공에 따라 입학 신청 때의 필수 조건들에 차이가 있을 수 있다. 아울러 커뮤니케이션학과는 크게 미디어커뮤니케이션학과, 광고홍보학과로 구분되기도 하지만, 수십 개의 세부 전공으로 구분될 수 있기 때문에 내가 연구하고자 하는 분야를 전공하는 교수님이 내가 지원한 대학에 없는 상황이 발생할 수도 있다. 따라서 한국 유학 전 확실한 연구 방향을 설정하고, 목표를 설정할 필요가 있다. 목표가 정해지면 입학 신청과 관련된 정보들을 수집하고 필요한 조건과 서류들을 신청기간에 맞춰서 준비하고 제출해야 한다.

대학원 입학 준비 과정에서 학비가 얼마나 드는지, 한국 생활비가 어느 정도 필요한지, 숙소는 어떻게 해결할지, 장학금의 종류는 어떠한지를 면밀히 따져 봐야 한다. 그리고 비자를 어떻게 신청할 것인지에 대한 연구도 필요하다.

외국인의 한국 대학원 입학 전의 마음가짐

한국 유학은 단순히 전공 분야에 대한 학습만을 의미하는 것이 아니다. 한국 유학은 한국과 한국 문화에 대해 이해의 과정을 포함한다. 따라서 유학생은 한국 생활에 잘 적응하기 위해 최소한의 노력을 할 필요가 있다.

한국의 경우 인간관계에 있어서 서열관계 등 관계설정이 상대적으로 중요한 편이다. 한국 문화는 타인을 대하는 태도와 행동, 그리고 상대를 부르는 호칭과 대화 방식에서 관계가 반영된다. 따라서 이러한 문화에 익숙하지 않은 외국인들은 특정 상황에서 매우 당황스러운 상황을 마주할 수 있다. 물론 이러한 현상은 한국 문화를 이해하려는 노력을 조금만 기울인다면 쉽게 극복할 수 있다. 유학생들의 한국 문화 학습이 중요한 이유다.

한편, 한국에서 같은 국가 출신의 친구를 만나는 것은 상당히 반가운 일이다. 외로운 이국 생활에서 동포를 만나는 일은 서로에게 큰 의지가 될 수 있다. 그러나 너무 자기 국가 친구들끼리만 모여서 대화하고, 생활하는 것이 한국 생활의 적응에 역효과를 초래할 수도 있다.

예컨대 같은 국가 사람들끼리 모여 있으면 자연스럽게 자신의 모국어를 쓰게 된다. 이 경우 해당 언어를 모르는 주변 한국인들은 소외감을 느낄 수 있다. 그리고 그 소외감은 한국인들로 하여금 외국인들이 한국인들과 어울리는 것을 꺼린다는 인식을 줄 가능성이 높다. 즉 한국에서 자국 친구들 혹은 외국인 유학생들만 모여서 다니면 한국인들과의 교류가 단절되고 서로 어울리지 못하게 될 가능성이 높다. 그리고 유학생들은 한국 대학원 생활에서 더욱 소외되고 배제되는 상황이 벌어질 가능성이 높다. 일반적으로 한국인들과 자주 교류하는 유학생들은 외국인들을 중심으로 교류하는 유학생들에 비해 한국어 능력도 높은 편이다. 가급적이면 한국인들과 같이 있는 자리에서는 한국어로 소통하고, 한국인들과의 교류와 대화를 자주 하기 위해 노력할 필요가 있다.

한편, 대학원의 수업 진행 방식이 대학교 강의와 다르다는 점도 미리 알아 두는 것이 좋다. 대학교 때처럼 강의실에서 가만히 앉아서 수업만 들으면 된다는 생각은 버려야 한다. 대학원 수업의 대부분은 세미나 방식으로 진행한다. 즉 교수님의 주도하에 수강생들은 해당 주 차에 공부할 주제의 내용들을 각자 공부해서 준비해 와야 하고, 준비된 내용을 발표하고, 토론하면서 학습을 하게 되는 방식이다. 따라서 대학원생은 피동적인 강의 '수강생'이 아닌 세미나의 능동적 '참여자'가 된다. 수업에 들어가기 전에 충분한 학습 준비를 해야 하고, 토론에도 적극적으로 참여해야 좋은 평가를 받을 수 있다. 능동적으로 최선을 다해서 공부를 해야 한다는 생각을 가지고 한국 대학원 커뮤니케이션학과에 입학해야 성공적으로 대학원 생활을 해낼 수 있다.

2. 외국인의 한국 대학원 생활 적응

이번 장에서는 외국인들이 한국 대학원 커뮤니케이션 학과 생활에 잘 적응하기 위한 방법에 대해 정리했다. 먼저 유학생들이 대학원 수업을 어떻게 준비해야 하는지 정리했다. 구체적으로 대학원 수업 전의 발표 준비 방법, 대학원 수업 중 토론 준비 방법, 대학원 수업 중 소논문 작성 방법과 함께 대학원 논문 준비 방법 등에 대해 정리했다. 아울러 성공적인 대학원 생활을 위해 한국 대학원생과의 교류 필요성에 대해 정리했다.

대학원 수업 준비 과정

대학원 과정에서 좋은 성과를 이끌어 내기 위한 첫걸음은 강의를 성실하게 듣는 것이다. 앞서 언급했듯 일반대학원 커뮤니케이션학과 수업의 대부분은 세미나 형식으로 진행된다. 물론 교수님의 강의 스타일에 따라 수업 진행 방식에는 일부 차이가 있을 수 있다. 따라서 한 학기 동안의 수업 방식, 그리고 교수님의 평가 기준을 파악하기 위해 매 수업의 첫 번째 강의인 오리엔테이션 수업은 반드시 참석해야 한다.

특히 1주 차 강의 시간은 오리엔테이션만 진행되는 것이 아니라 한 학기 동안 같이 공부할 교수님과 동료 학생들이 만나게 되는 대면식의 성격도 가진다. 자신의 첫인상이 오리엔테이션 시간에 결정된다는 것이다. 아무런 준비 없이 가벼운 마음으로 첫 강의에 참석하게 될 경우 낭패를 당할 수도 있다. 특히 이제 막 대학원 생활을 시작하는 외국인 유학생은 한국어를 자유롭게 사용하지 못하는 경우가 대부분이다. 교수님이나 동료들이 갑자기 한국어로 말을 시키면 당황스러운 마음에 말이 잘 안 나올 수도 있다. 따라서 수업 참여 전에 미리 간단한 자기소개 내용을 준비할 필요가 있다. 아울러 해당 과목에 대한 수강 동기, 강의에서 무엇을 배우고 싶은지, 그리고 자신이 관심을 가진 주제와 연구하고 싶은 방향 등에 대한 내용을 미리 준비하면 보다 여유롭게 첫 강의 시간을 보낼 수 있을 것이다.

첫 강의, 즉 오리엔테이션 시간을 통해 한 학기 동안의 수업 진행 방향과 수업 평가 기준을 알아내면 그에 맞춰서 성실하게 수업 준비를 해야 한다. 일반적으로 대학원 강의의 주요 내용은 크게 교재 내 책 내용의 발제, 발제 내용에 대한 토론, 관심 연구 주제 발표 등으로 세분화된다.

대학원 수업 전의 발표 준비

기본적으로 대학원 수업 전, 교수는 학생들이 해당 주 차에 읽어야 할 교재와 논문의 내용들을 정해서 대학원생들에게 분배한다. 대학원생들은 각자 분배되는 내용들을 읽고, 자신이 이해한 대로 요약해서 발제문을 만드는 과정을 거친다. 이때 커뮤니케이션학 분야의 교재와 논문의 상당수는 영미권에서 발행된 것일 수 있다. 미국 또는 유럽에서 발행된 논문이나 책을 읽고,

한국어로 정리해야 하는 상황이 자주 발생할 수 있다. 이때 영어와 한국어가 모국어가 아닌 외국인 학생들은 한국어 능력의 한계 때문에 수업 준비에 한국 학생보다 훨씬 더 많은 시간과 노력이 투입될 수밖에 없다. 외국어인 영어를 읽고 이해한 다음에 또 다른 외국어인 한국어로 번역해서 정리해야 하는 과정은 하드코어 두뇌노동(?)이다. 다만, 인간은 적응의 동물이다. 발제 과정은 처음은 매우 힘들고, 많은 시간이 걸릴 수밖에 없는 일이지만, 자주 하다 보면 점점 요령이 생긴다. 그러니 이겨 내자.

한편, 일부 한국 학생들은 외국인들이 영어를 잘할 것이라는 막연한 기대감을 가질 때가 있다. 따라서 일부 한국 대학원생들이 외국인에게 영어로 된 논문과 교재의 발제를 맡기고, 자신은 한국어 논문과 발제를 담당하고자 하는 경우가 발생할 수 있다. 이럴 경우 한국 대학원생들에게 자신의 한국어 실력과 영어 실력을 정확히 설명하고 원칙대로 발제를 진행하자고 이야기할 필요가 있다. 같이 수업을 듣는 한국 대학원생들과 원만한 관계를 맺는 것은 대학원 생활의 첫 번째 조건이라고 해도 과언이 아니다.

외국인이 한국어를 아무리 잘한다고 해도 표현 과정에서 한계가 노출될 수밖에 없다. 따라서 가급적이면 발제문이나 과제를 미리 작성해야 한다. 작성이 완료되면 한국 친구나 대학원 동료들에게 문장 등을 수정해 달라고 부탁할 필요가 있다. 물론 수정된 글을 바로 제출하는 것은 의미가 없다. 한국 친구나 대학원 동료가 수정해 준 글은 자신의 원래 글과 비교해 보고, 어떤 부분이 수정된 것인지 확인하면서 한국어 표현 방식을 공부해야 한다. 이러한 작업이 반복되면 자연스럽게 한국어 글쓰기 능력이 향상될 수 있다.

발제문이 완성되면 발표와 토론 준비를 해야 한다. 강의 전에 발제문이 완벽하게 준비됐다면, 발표하는 것을 크게 걱정할 필요가 없다. 준비한 것을 침착하게 읽으면 되기 때문이다. 다만, 수업 중의 질문이나 토론은 한국어를 능숙하게 구사하기 어려운 외국인 대학원생들에게는 큰 부담이 될 수 있다. 이에 자신이 발표한 발표문에 대한 질문을 미리 예상한 후 답변을 준비하거나 토론 주제를 미리 예측하고 준비하려는 노력을 기울일 필요가 있다.

대학원 수업 중에 토론 준비를 위한 노하우

대학원 수업 중에 토론 준비를 위한 나만의 노하우 몇 가지를 정리하면 다음과 같다. 첫째, 주제와 관련된 질문을 미리 준비해야 한다. 가끔 특정 주제에 대한 내용이 너무 어려워서 그에 대해 자신의 주장을 구체적으로 표현하기 어려울 때가 있다. 사전에 공부한 내용 중 이해가 잘 안 되는 부분은 발제 후 과감하게 교수님에게 질문하는 것이 좋다.

보통 동양의 학생들은 수업 중 토론에 참여하거나 발언하는 것에 대한 두려움이 많은 편이다. 수업 중 질문이 자신의 무지로 인식될까 봐 걱정하는 것이다. 반면, 서양 학생들은 상대적으로 자유롭게 의견을 표현하고, 질문도 잘 하는 편이다. 공부하는 학생이 모르는 것을 질문하는 것은 부끄러운 일이 아니다. 발표 후 강의실에 정적이 감돌게 하기보다는 질문을 통해 생기를 조성한다면, 교수님과 동료 학생들에게 적극적인 대학원생이라는 평가를 받게 만들 수 있을 것이다.

둘째, 강의 주제와 관련된 사례나 연구 주제를 미리

준비해야 한다. 예컨대, 커뮤니케이션이론 수업을 듣는다고 가정해 보자. 이때 특정 이론을 자신의 국가와 한국의 현실에서 관찰한 상황과 접목시킨 후 관련 연구 주제를 만들어 보자. 그리고 만약 미디어산업론 또는 미디어정책론 같은 수업을 듣는다면, 자신의 출신 국가 상황과 사례를 발제 내용과 별도로 조사해 가자. 미디어산업론 또는 미디어정책론 같은 수업에서 소개되는 사례들은 대부분 구미 국가 또는 한국의 사례로 한정되는 경우가 많다. 따라서 수업을 진행하는 교수님과 한국 학생들은 강의에서 소개되지 않는 국가의 유학생들에게 그 국가의 상황이 어떠한지를 물어볼 수 있다. 이때, 자신의 출신 국가의 상황과 사례를 교수님들과 동료들에게 자신 있게 소개한다면, 매우 긍정적으로 평가될 수 있을 것이다.

대학원 수업 중에 소논문 작성을 위한 노하우

대학원 수업의 학기말이 다가오면, 많은 교수님들이 대학원생들에게 수업과 관련한 연구주제 발표 과제를 부여한다. 그리고 이때 발표된 연구주제는 대부분 기말 소논문 과제(팀페이퍼)로 제출하게 된다. 이 챕터에서는 연구주제의 선정과 소논문 과제 작성에 대해 나의 노하우 몇 가지를 설명하고자 한다.

첫째, 강의 내용과 제출할 소논문의 연구주제를 연결시켜야 한다. 학기말에 제출해야 하는 소논문은 한 학기 동안 자신이 그 수업에서 무엇을 배웠는지를 고민해 보는 과정으로 볼 수 있다. 수업을 듣는 과정에서 고민한 내용 중 하나를 연구주제로 선정하고, 소논문을 작성한다면, 비교적 어렵지 않게 소논문을 작성할 수 있을 것이다.

둘째, 평소 자신이 관심을 가지고 있던 내용을 소논문의 연구주제로 정해야 한다. 소논문 작성은 매우 힘든 작업임에 틀림이 없다. 그러나 자신이 대학원 입학 전에 생각해 놓았던 연구주제, 수업을 들으면서 문득 떠오른 아이디어와 같이 평소 자신이 관심을 가지고 고민을 해 왔던 주제를 소논문의 대상으로 한다면, 재미있게 글쓰기를 진행할 수도 있을 것이다. 따라서 대학원생은 수업을 듣는 과정에서 수업 내용과 평소 자신의 연구 관심사를 끊임없이 연결하려는 노력을 기울여야 한다.

셋째, 생활 경험을 통해 연구주제를 찾아야 한다. 연구에 대한 영감은 먼 곳에서 찾을 필요가 없다. 최근 사회적 이슈가 무엇인지, 요즘 친구들 사이에서 핫한 화제들이 무엇인지 검토하고, 그것을 자신의 경험과 연결시키기 위해 노력한다면 좋은 아이디어들이 자연스럽게 생성될 수 있을 것이다.

예컨대, 대만인인 나는 한국에서 대만과 관련된 방송 콘텐츠들이 늘어남에 따라 대만을 방문하는 한국 관광객들이 급격히 늘어나고 있는 현상이 흥미로웠다. 마침, 수업을 통해 다양한 미디어 이론에 대해 배우고 있었다. 이에 나는 "대만의 미디어 콘텐츠 노출이 한국인의 대만 인식, 대만 방문의도에 미치는 영향"이라는 논문을 학기말 소논문으로 제출할 수 있었다. 아울러 할리우드 영화가 대세인 대만에서 한국 영화 <부산행>이 흥행하는 것을 보고, 그 이유가 궁금해졌다. <부산행> 이전에 대만에서 성공한 한국 영화는 거의 없다고 해도 과언이 아니기 때문이다. 마침 나는 대중문화 수업을 수강하고 있었고, "<부산행>은 왜 대만 관람객에게 인기인가?"라는 논문을 학기말 소논문으로 제출할 수 있었다. 두 편의 논문은 모두 한국연구재단 등재지에 게재되기도 했다.

나는 자신의 국가와 한국 사회를 두루 경험할 수 있는 기회를 가진 유학생이 한국을 보다 객관적이고, 넓게 관찰할 수 있는 가능성이 있다고 생각한다. 한국인들이 할 수 없는 '독특한' 연구 주제를 상대적으로 쉽게 찾을 수 있다는 것, 양 국가 간 비교 연구를 얼마든지 진행할 수 있다는 것 등은 외국인 유학생이 가진 매우 큰 장점 중 하나다.

대학원 논문 준비 과정

한국 학생이든 외국 유학생이든 대학원 입학 후의 최종 목표는 학위를 취득하는 것이다. 특히 일반대학원의 졸업 요건을 충족하려면 졸업 논문을 써야만 한다. 물론 일부 특수대학원의 경우 논문 없이 학점 취득으로만 학위 취득이 가능하기도 하다. 졸업 논문은 많은 고민과 시간이 투입될 수밖에 없는 대학원 과정의 결정체다. 따라서 학위 논문 준비과정은 일반 학기말 소논문(텀페이퍼)이나 학술지 게재 논문보다 더 신중하고 심혈을 기울일 수밖에 없다.

대학원 과정에서 요구하는 학점을 다 채우면(수업을 모두 들으면), 수료생이 된다. 대학원 과정을 수료한 후 어학 성적 등의 조건을 충족하고, 종합 시험을 통과하면 학위청구논문 준비를 시작할 수 있다. 학위청구논문은 연구계획서 발표(프로포절)와 학위청구논문 심사의 두 가지 과정으로 구분된다.

연구계획서 발표(프로포절)는 연구 문제제기와 이론적 논의 및 선행연구 검토, 그리고 연구문제 및 연구방법에 대한 연구 설계를 발표하는 것이다. 이 단계는 기본적으로 연구주제와 연구의 방향성을 정하는 중요한 과정이다. 연구주제를 선정하는 것은 생각보다 쉬운 일이 아니다.

처음 연구주제를 고민할 때 나는 내가 어떤 것에 관심을 가지고 무엇을 연구하고 싶은가에 대해 막연하게 나마 생각해 놓은 것이 있는 상태였다. 그러나 무엇을 어떻게 연구할 것인지에 대해 확신을 가지지는 못한 상태였다. 만약 유학생들이 이러한 상황에 처하게 됐다면, 혼자 고민하는 것보다 대학원 동료들이나 교수님과 상담해 볼 필요가 있다.

여기서 말하는 '상담'은 연구의 주제와 방향성에 대한 진지한 논의를 포함하는 것이지만, 꼭 연구에 대한 논의에 집중할 필요는 없다. 교수님 또는 동료들과 같이 가볍게 식사나 차를 한잔하면서 이런저런 이야기를 그저 자유롭게 해 보는 것도 자신의 생각 정리에 꽤 많은 도움이 될 수도 있다. 주제를 정하지 못한 상황에서 머릿속이 캄캄하고 혼란스러울 때 의도치 않은 편한 대화들을 나누다 보면 의외로 좋은 아이디어들이 나올 때가 있다. 나의 석사 논문과 박사 논문 주제도 모두 이러한 과정을 통해 만들어졌다.

논문의 주제와 방향성을 정하게 됐다면, 이제는 연구계획서 작성에 몰두하면 된다. 다만, 연구계획서를 써 내려가는 과정에서 내가 지금 하고 있는 방향이 맞는 것인지에 대해 명확하게 지적해 줄 수 있는 사람이 반드시 필요하다. 따라서 연구계획서를 작성하는 과정 동안 지도교수님에게 적극적으로 연락하여 자신이 작성한 연구계획서에 대한 의견을 구할 필요가 있다.

한편, 학교에 따라 일부 차이는 있겠지만, 연구계획서 발표(프로포절 발표)는 석사 과정의 경우 3학기 차의 학기말에 이루어지는 것이 대부분이다. 따라서 연구계획서 작성은 2학기 겨울방학 때부터 시작할 필요가 있다. 연구계획서 발표회 중에는 많은 교수님들과 선배, 동료들을 통해 자신이 쓴 내용에 대한 문제들이 나타날 것이다. 발표회 중에 나온 의견들은 잘 적어 놓았다가 이후 지도교수님과 함께 논문의 수정 과정에서 활용할 필요가 있다. 연구계획서 발표가 마무리되면, 연구계획서 보완, 연구조사(서베이, 심층인터뷰, 사례분석, 내용분석 등), 연구 결과 및 결론 작성, 몇 차례의 심사 과정과 보완 과정 등을 거쳐 학위 논문으로 완성된다.

학위 논문의 대부분은 한국어로 쓰인다. 그러나 한국어에 능숙한 유학생들이라고 해도 전문적인 한국어 글쓰기에 한계를 가질 수밖에 없다. 따라서 외국인 유학생들은 자신이 쓴 글을 한국 학생들에게 수시로 점검받아야 한다. 만약에 대학원 생활 중에 적극적으로 외국인 학생을 돕고자 하는 착한 한국 학생을 만날 수 있다면 그는 정말 행운아일 것이다. 한국 대학원생들도 각자 하는 일이 있고 똑같이 논문을 써야 하는 입장을 가지고 있다. 외국인 학생의 논문을 봐 주는 것은 그야말로 자원봉사 활동일 수 있다. 이러한 맥락을 고려하여 한국인에게 부탁할 때 매우 정중하게 해야 하고, 한꺼번에 너무 많은 양을 부탁하거나 자신의 일정에 맞추어 조속히 일을 처리해 달라고 요청하는 것도 올바른 태도가 아니다. 따라서 유학생들은 최대한 노력하여 한국 학생들보다 과제를 성실하게 빨리해야 한다. 그래야 한국 대학원생이 충분한 시간을 가지고, 시간에 대한 부담감을 느끼지 않고, 자신의 과제를 검토해 줄 수 있을 것이기 때문이다.

한편, 유학생이 한국인 대학원생들의 짐이 되어서는 안 된다. 자신을 도와준 한국 대학원생들이 자신의 국가의 자료를 찾거나 설문조사 등을 하는 데 도움을 주는 등 한국인 대학원생들에게 충분히 기여할 수 있는

부분이 있을 것이다. 한국인 대학원들과 외국인 유학생들이 대학원에서 공존할 수 있는 방안을 찾아내고, 서로가 윈윈(Win-Win)할 수 있는 방법을 찾아낸다면 대학원 논문 준비 과정이 훨씬 수월해질 것이다.

3. 외국인의 성공적 한국 대학원 생활을 위한 조건

이번 장에서는 외국인들이 한국 대학원 커뮤니케이션학과에서 성공적으로 대학원 생활을 하기 위한 조건 몇 가지에 대해 설명했다. 구체적으로 한국 대학원생과의 교류 필요성을 제시했고, 6년간의 대학원 생활 경험에 기반하여 성공적인 대학원 생활을 위한 팁 몇 가지를 제시했다. 그리고 지도교수를 어떻게 선택해야 하는지에 대한 팁 몇 가지를 제시했다.

한국 대학원생과의 교류 필요성

최근에 한국 대학원에서 공부하는 외국인 유학생들이 점점 많아지고 있다. 심지어 외국인 유학생의 수가 한국 학생보다 많은 대학원도 있다. 내가 대학원 생활을 하는 동안에도 외국인 유학생 수가 적지 않았다. 나와 같이 공부한 수많은 외국인 유학생들 중에는 한국 학생 이상으로 우수한 성과를 보인 유학생들도 있었고, 그렇지 못한 학생들도 있었다.

물론 대학원 공부의 성과는 한국인, 유학생을 막론하고 개인의 의지, 노력의 양이 좌우한다. 그러나 대학원 과정에서 뛰어난 성과를 보인 외국인 학생들에게는 한 가지 공통점이 있었다. 그들은 모두 한국 학생들과 잘 어울리고 교류가 잦은 사람들이었다. 앞에서도 언급했듯이 외국인 유학생의 한국어 사용에는 한계가 있을 수밖에 없다. 이에 한국 대학원에서 강의 준비를 하거나 논문의 작성을 할 때 한국 학생들의 도움이 필요할 때가 많다.

한국 친구들과의 교류는 유학 생활 중 한국어 능력 향상과 한국 문화 이해도의 증진은 물론이고, 무엇보다도 연구를 하는 데 필요한 다양한 시각과 관점들을 교환할 수가 있고, 서로의 부족한 부분을 채워 줄 수 있다는 측면에서 큰 도움이 된다.

성공적인 한국 대학원 생활을 위한 팁

자신이 계획한 시간 내에 한국의 언어와 문화를 익히고 학위 논문을 작성한 후 유학 생활을 마치는 것이 성공적인 한국 대학원 생활이라고 한다면 수업과 논문을 성실하게 준비해야 하고, 한국 대학원생과의 호혜적인 관계 유지와 교류가 필요하다. 다만 이는 대학원 생활의 기본 중의 기본에 불과하다.

대학원 졸업을 위해서는 단순히 학점만 취득하면 되는 것이 아니다. 선수 과목과 필수 과목이 충족되었는지 확인해야 하고, 어학 성적이 졸업 기준에 충족했는지도 확인해야 한다. 그리고 대학원 종합 시험(졸업 시험)에도 통과해야 한다.

특히 선수강 과목과 필수 과목은 대학원 입학 초기에 미리 수강할 필요가 있다. 해당 과목이 매 학기마다 개설되는 것이 아닌 경우가 있기 때문이다. 대부분의 대학원에서 선수 과목이나 필수 과목은 1년에 한 번 특정 학기에만 개설된다. 따라서 선수 과목 또는 필수 과목 수강을 한 번 놓치고 나면 1년 뒤에야 다시 그 과목을 수강할 수 있다. 문제는 필수 과목 수강이 늦어질 경우 대학원 석사 과정 입학 후 3학기 또는 4학기에 치러지는 종합 시험(졸업 시험) 일정이 연쇄적으로 늦춰질 가능성이 있다는 것이다. 필수 과목을 수강하지 않고, 종합 시험을 치기는 상당히 어렵다. 종합 시험이 늦어지면 자연스럽게 학위 논문 작성도 늦어지게 된다. 대학원 입학 후 학위 취득을 위한 체크리스트를 미리 적어 놓고, 계획적으로 생활하지 않는다면 졸업을 향한 여정이 길어질 가능성이 높다.

특히 난생처음 한국에 방문하여 낯선 대학원에서 새로운 시작을 맞이해야 하는 유학생들에게 대학원 첫 학기는 상당히 고되고 긴장될 수 있다. 한국에 도착해서 공부를 바로 시작할 수 있는 것이 아니다. 외국인들은 우선 한국에 숙소를 마련해야 하고, 외국인등록증을 신청해야 한다. 은행 계좌를 개통해야 하고, 핸드폰도 개통해야 한다. 본격적인 수업을 듣기 전에 처리해야 할 일이 태산이다. 다만, 아무리 바쁘더라도 수강 신청 기간 전에 한 번쯤 학교의 학과 사무실에 방문할 필요가 있다.

특히 유학생들이 한국에 입국한 후 핸드폰 번호를 등록하기까지 꽤 많은 시간이 소요된다. 따라서 학교의 학과 사무실에서 자신의 연락처를 가지고 있지 않을 가능성이 높다. 이 경우 대학원 생활에 대한 필수적인 정보를 실시간으로 확인하기 어렵게 된다. 따라서 유학생들은 학기가 본격적으로 시작하기 전 학과 사무실에 방문해서 입학과 관련된 주의 사항을 확인하고, 수강신청 기간이 언제이며, 어떻게 하는 것인지, 그리고 무엇보다도 선수강과 필수 과목이 있는지를 꼭 확인해야 한다. 가능하면 학과 사무실의 조교 선생님을 통해 대학원 선배나 교수님들을 미리 만나서 대학원 생활의 주의 사항 등에 대한 상담을 해 보길 권한다.

한편, 보통 유학생들은 한국 대학원 생활에 잘 적응하기 위해 첫 학기에는 상대적으로 쉽고 편안한 수업을 선호하는 경향이 있다. 다만, 한국 대학원 생활의 빠른 적응을 위해서는 첫 학기에 필수 과목을 필수적으로 수강해야 한다. 그리고 한 과목 정도는 수업 밀도가 높은 수업을, 나머지 한 과목 정도를 조금 쉽고 편안한 밀도의 수업을 택할 필요가 있다. 한국 입국 후 첫 학기에 너무 쉬운 과목들만 선택해서 듣게 될 경우 2학기 이후의 수업이 힘들어질 수 있다. 2학기 이후에는 논문 계획서 발표, 논문 심사, 종합 시험(졸업 시험) 등 1학기보다 해야 할 일들이 더 많아질 것이기 때문이다. 고생 끝에 낙이 온다는 말이 있듯 첫 학기 생활을 잘 버티고 이겨 내면 이후에는 어떤 시련이 와도 잘 극복해 낼 수 있을 것이다.

참고로 박사 과정의 경우, 한국연구재단 등재 학술지 논문 게재가 졸업 조건 중 하나로 추가된다. 학술지 논문의 게재는 보통 3~6개월의 시간이 걸리기 때문에 미리 계획을 세우고 빠르게 시도해 보는 것이 좋다. 사실은 대학원 생활은 워낙 힘들고 바쁜 날들의 연속이다. 따라서 학위 논문 이외에 학술지 게재를 위한 논문을 쓴다는 것은 외국 유학생뿐만 아니라 한국 학생들에게도 버겁고 힘든 일이다.

이런 부담을 덜 하기 위해 나는 학기말에 제출할 소논문(텀페이퍼)을 활용하는 방법을 추천한다. 학기중에 심혈을 기울여서 쓴 소논문을 살리지 않고, 그대로 방치시키는 것은 너무 아까운 일이다. 애초 소논문을 쓸 때, 학술지 논문을 쓸 것을 염두에 두고 최선을 다해 써 내려간다면, 방학 기간을 이용해서 실제 조사를 하고, 결과를 채우면 금방 한 편의 논문이 될 수 있다. 이런 식으로 논문을 쓰면 완전히 처음부터 새로운 논문을 작성하는 것보다 훨씬 효율적으로 논문을 쓸 수 있게 된다. 소논문을 봐 주신 교수님과 함께 공저로 논문을 낼 경우 교수님의 학술지 게재 노하우를 자연스럽게 전수받을 수 있는 기회를 가지게 될 것이다.

지도교수 선택을 위한 팁

대학원 생활에서 같은 대학원 동료와의 사이도 중요하지만, 지도교수의 선택과 지도교수와의 관계도 상당히 중요하다. 지도교수는 대학원 생활 중에 제일 중요한 과정인 학위청구논문의 준비와 심사, 그리고 졸업에 대한 결정권을 가진 사람인 만큼 신중하게 고민해서 선택해야 한다. 대학원마다 차이가 있긴 하겠지만 보통 대학원 첫 학기 끝날 무렵에 지도교수 선택이 이루어진다. 지도교수의 선택에 대해서 개인마다 고려할 사항들이 차이가 있을 수 있지만, 가장 중요한 기준 중 하나는 나의 졸업을 위해 '힘써 줄 수 있는' 교수님인가 하는 부분이다.

여기서 '힘써 줄 수 있다'라는 것은 복합적인 의미를 가지고 있다. 예컨대 같은 커뮤니케이션 분야라고 해도 교수님마다 세분적인 전공과 활용하는 연구 방법론(예컨대 질적 연구 방법론인가, 양적 연구 방법론인가 하는)에 차이가 존재한다. 따라서 나의 관심 연구 분야와 연구방법론을 잘 이해하고 지도해 줄 수 있는 지도교수를 선택하는 것이 유리하다. 내가 하고자 하는 분야와 전혀 다른 분야를 공부하시는 교수님, 내가 하고자 하는 방법론을 이해하지 못하는 교수님은 나의 논문 작성에 큰 도움을 주지 못할 수 있다. 그리고 자신에게 친절하고 편해 보이는 교수님도 좋지만, 냉철하고 꼼꼼하게 논문을 지도해 주실 수 있는 교수님을 지도교수로 선택하는 것이 좋다. 그래야 논문을 쓰는 과정 동안 실질적으로 많은 도움을 받을 수 있게 될 것이다.

한편, 일부 유학생들은 유학생들끼리 교류하는 경향이 있어서, 지도교수를 선택할 때 소수 몇 명의 교수님들에게만 몰리는 경우가 있다. 다만, 많은 학생들이 한 교수님에게 몰릴 경우 아무래도 그 교수님이 나한테 할애해 줄 수 있는 시간이 부족할 가능성이 있다. 따라서 지도교수를 선택할 때 대학원 선배들이나 동료들의 의견들을 참고해서 자신에게 도움이 될 수 있는 교수님을 선택해야 한다.

아울러, 유학생이 적극적이고 능동적으로 지도교수님을 찾아가서 논문 전반에 대해 지도를 받는 과정은 매우 중요하다. 특히 논문을 쓸 때 지도교수님에게 중간 점검을 받지 않고, 논문을 작성한 후 심사 기간이 다가와서야 급하게 지도교수님에게 그 논문을 제출한다면, 그 논문은 통과하지 못하거나 새롭게 작성되어야 할 가능성이 있다. 지도교수님이 생각하는 논문의 방향과 자신이 쓴 논문의 방향이 다를 수 있기 때문이다. 그보다는 지도교수님과의 지속적인 커뮤니케이션을 통해 중간중간 논문 지도를 받고 조금씩 수정, 보완해 나가는 것이 논문의 전체적인 방향성을 위해 올바른 방법이 될 수 있다. 논문은 수정하면 수정할수록, 그리고 혼자보다 많은 사람을 거칠수록 완성도가 높아질 수 있음을 기억해야 한다.

4. 유학생의 성장을 위한 한국 대학원의 역할

이번 장에서는 유학생들의 성장을 이끌어 내기 위해 한국 대학원과 교수들이 어떠한 노력을 기울일 필요가 있는지에 대해 정리했다. 구체적으로 외국인의 한국 대학원 졸업 후의 진로에 대해 정리했고, 외국인 유학생에 대한 질 관리의 필요성에 대해 정리한 후 외국인 유학생에 대한 질 관리를 위한 대학의 노력과 교수들의 외국인 유학생 지도의 방향에 대해 정리했다.

외국인의 한국 대학원 졸업 후 진로

대학원을 졸업하면 이제 각자의 전문성을 살려 취업을 하게 된다. 나는 최근 박사 학위를 받았지만, 석사 과정을 마친 직후 대만으로 돌아가 약 6년간 직장 생활을 한 경험을 가지고 있다. 나의 경험과 석사 과정을 함께한 유학생 동기, 선후배들의 경험에 비추어서 생각해 볼 때, 한국 대학원의 석사 과정은 박사 과정 진학을 위한 첫발을 내디뎠다는 의미 또는 고급 한국 어학원의 성격이 크다고 판단된다.

유학생이 학위를 취득한 후 취업을 하기 위해서는 개인의 역량(학력, 전공, 스펙), 인맥, 운과 같은 다양한 요인들이 작동할 것이다. 다만, 나와 함께 한국에서 공부를 한 유학생 동기와 선후배들의 경험에 따르면, 한국 관련 업무를 취급하는 대부분의 글로벌 기업들은 채용 대상자가 한국 대학원에서 어떤 전공을 했는지를 고려하는 것보다 채용 대상자의 한국어 능력에 더욱 관심을 가지는 경우가 많다. 유학생들은 실제 한국이나 본국에서 한국과 관련된 업무 분야에 취업하고자 할 때, 전공 능력보다 한국어 능력을 고려하는 상황이 실제로 존재한다는 점을 미리 알아 두는 것이 좋다. 다행히도 커뮤니케이션학 영역의 공부는 비즈니스, 마케팅, 행정 등 기업의 어느 분야에서도 활용될 가능성이 높다. 어떤 분야에서 일을 하든지 전공을 살릴 수 있을 것이다.

한편, 외국인 유학생들이 한국 대학원을 졸업한 후의 진로는 크게 한국 취업형, 귀국 후 취업형, 그리고 진학형의 세 가지로 구분될 수 있다.

첫째, 한국 취업형은 대학원을 졸업한 외국인들이 한국에서 직장을 갖게 되는 경우를 의미한다. 한국의 기업들이 외국인을 채용하기 위해서는 사대보험 가입과 함께 외국인의 비자문제를 해결해야 한다. 한국 기업의 외국인 관련 채용정보는 인터넷 구직 사이트를 이용하여 얻을 수 있다. 다만, 한국에 거주하고 있는 외국인과 유학생을 위한 외국인 유학생 채용박람회, 외국인 취업 박람회 등을 통해 채용이 이루어지는 경우도 많다.

나는 한국에서 취업한 경험이 없다. 다만, 같은 시기에 대학원에서 공부를 했던 유학생 동기와 선후배 유학생들의 한국 취업 상황을 통해 정리해 볼 때, 유학생의 한국 취업은 4가지 유형으로 구분할 수가 있다. 구체적으로 커뮤니케이션학 대학원 석사 과정을 졸업한 유학생은 해외에 지사를 가진 한국 대기업에서 외국인 직원을 관리하는 HR부서 담당자로 일하는 경우가 있다. 아울러 한국의 대기업에서 1년 정도 훈련을 받고 출신 국가로 파견될 직원으로 채용되는 경우도 종종 있다. 그리고 한국에 진출한 외국기업이 한국과 한국 문화에 대한 전문성을 가진 자국인을 채용하는 사례도 있다(예: 한국에 진출한 ASUS 등의 대만기업이 한국에서 거주하고 있는 대만인을 채용하는 사례). 마지막으로 한국 또는 해외 글로벌 기업에서 국제경영 업무 담당자로 채용될 수도 있다.

둘째, 귀국 후 취업형은 말 그대로 한국에서 대학원 생활을 마치고 본국으로 돌아가서 취업을 하는 경우를 말한다. 유학생들은 귀국 후 한국어를 활용할 수 있는 직업을 갖게 되는 경우가 많다. 예컨대, 본국에 진출한 한국의 공공기관이나 기업에 취업하거나 한국과 비즈니스 관계를 가진 글로벌 기업의 세일즈 업무를 담당하는 경우가 많다. 나는 석사 학위 취득 후 대만의 글로벌 기업에서 한국 시장 세일즈 업무를 담당했고, 대한무역투자진흥공사(KOTRA) 타이베이 무역관에서 일하기도 했다.

한편, 일부 유학생들은 귀국 후 재단법인에서 한국

과의 문화교류를 담당하는 업무를 하거나 자국의 각종 연구기관에서 한국과 관련된 정보를 수집하고 분석하는 업무 등을 담당하기도 한다. 귀국 후 커뮤니케이션 학 전공을 살려서 취직하는 경우도 존재한다. 예컨대 귀국 후 광고 회사에 취직하거나 자국 방송사의 PD로 취업하는 경우도 있다. 그 밖에 대학의 교양학부 혹은 커뮤니케이션 관련 학과에서 교수나 강사로 채용되어 강의를 하고 있는 사례들도 있다.

셋째, 진학형은 석사 과정 후 박사 과정에 진학하는 경우를 말한다. 학문에 뜻이 있는 상당수 유학생들은 한국에서 석사 학위를 취득한 후 곧바로 박사 과정에 진학한다. 다만, 예외도 존재한다. 나는 석사 학위를 취득한 후 귀국해서 6년간 직장 생활을 하다가 다시 한국에서 박사 과정 생활을 시작했다. 또한 한국에서 학위를 취득한 후 자국 또는 제3국의 대학원에 진학해서 박사 과정을 이어 가는 경우도 존재한다.

외국인 유학생에 대한 질 관리의 필요성

한국 대학에 외국인 학생의 비중이 점차 높아지고 있다. 이는 대학평가 시 국제화 역량 지표에 신경을 쓸 수밖에 없는 대학의 구조적인 상황, 한국의 학령인구의 감소 속에서 외국인 유학생의 유치가 대학의 새로운 수익원으로 인식되고 있는 구조적인 상황에 기인한 결과로 보인다.

그러나 유학생에 대한 질 관리 없이 한국 학생 대비 유학생의 비율만 높아지는 상황은 자칫 외국인 유학생에 대한 관리 소홀, 학위 남발로 인한 대학 이미지 실추로 이어질 수 있다. 유학생들 사이에 특정 대학이 학위를 받기 쉬운 대학으로 인식됐다고 가정해 보자. 그래서 그 대학의 유학생 수가 많아졌고, 자연스럽게 유학생 등록금 수익도 높아졌다. 단기적으로 볼 때 대학의 경영적인 측면에서 좋은 일일 수 있다. 그러나 그 대학은 유학생 커뮤니티에서 학술적이지 않은 대학으로 평가될 것이고, 공부를 하고자 하는 유학생들은 더 이상 그 대학에 관심을 가지지 않을 것이다. 그 대학은 이른바 '학위 장사'를 하는 대학으로 프레이밍 될 것이고, 대학 전체의 이미지도 추락할 수밖에 없을 것이다.

한국 학생 대비 유학생의 비율이 높아지고 있는 구조적인 상황에 더해, 유학생들이 한국어 능력 등 기초 수학능력을 전혀 갖추지 못한 경우도 존재한다. 한국어 능력이 전혀 없는 사람이 한국 박사 과정에 입학해 한국인 학생과 한국어 수업을 듣는 경우도 있다고 한다. 대학 당국이 외국인 학생들의 수학능력을 고려하지 않고, 대학원생으로 입학시켜서 문제가 되는 상황이 다수 발생하고 있는 것이다.

대학원 정원 확보, 대학의 수익 창출이라는 단기적인 목표를 위해 수학능력이 없거나 현저히 부족한 외국인 유학생을 입학시킬 경우 3가지 측면의 문제가 발생한다. 첫째, 대학원 수업의 질이 현저하게 저하될 수 있다. 대학원 수업은 한국 학생과 외국인 학생이 함께 수업을 듣는다. 박사 과정 학생과 석사 과정 학생이 함께 수업을 듣는 경우도 있다. 이러한 상황에서 한국어 능력이 없거나 부족한 외국인 유학생들이 많을 경우 밀도 높은 수업을 진행할 수 없게 된다. 외국인 유학생들만을 배려하면서 수업을 진행하게 될 경우 해당 수업의 피해는 고스란히 한국 대학원생이 받게 된다.

둘째, 대학원 논문의 질이 현저하게 떨어질 수밖에 없다. 나는 한국어 6급 자격을 취득하고 있지만, 여전히 글쓰기에 있어서는 어려움을 겪고 있다. 한국어 자격증이 있고, 한국인들과 대화가 된다고 해서 수준 높은 글을 쓸 수 있는 것은 아니다. 말하기보다 글쓰기가 훨씬 어려운 일이기 때문이다. 그런데 말하기에도 어려움을 겪는 유학생들이 입학하게 될 경우 한국어로 논문을 쓰기가 매우 어려운 상황이 발생할 수 있다. 이 경우 논문의 질을 고민할 상황은 엄두도 내지 못하고, 그저 논문을 완성하는 것이 목표가 될 수 있다. 이때 학문의 전당이어야 할 대학에서 논문 대필, 유사 대필 등이 나타날 가능성도 배제할 수 없다.

셋째, 지도교수의 업무가 매우 가중될 수밖에 없다. 지도교수가 연구를 지도하는 것이 아니라 한국어를 지도해야 하는 상황이 발생할 수 있기 때문이다. 지도교수들이 외국인 유학생 지도를 꺼리게 되는 상황은 대학원과 학문 공동체의 위기를 가져올 수도 있다.

외국인 유학생에 대한 질 관리를 위한 대학의 노력

대학 당국은 외국인 유학생들의 질을 관리하기 위한 최소한의 노력을 기울일 필요가 있다. 우선 한국어 능력이 현저히 떨어지는 학생들은 어학원 과정 혹은 학부 선수 과목을 먼저 듣고 나서 대학원 수업에 참여케 하는 방법, 대학원 입학 혹은 수학을 위한 한국어 능력 기준을 강화하는 방법과 같은 기본적인 조치를 강화해서 시행할 필요가 있다. 최소한의 한국어 능력을 갖춘 학생들이 대학원 수업에 참여할 수 있는 방법을 강하게 만들어야 한다.

현실적인 이유로 이러한 조치가 불가하다면 H대학교 특수대학원의 사례처럼 한국어 능력이 부족한 유학생을 위한 특별반을 편성하거나, 일부 한국어 교육과 낮은 수준의 대학원 교육을 병행하는 방법 등도 고려할 필요가 있다.

한편, 대학원 차원에서 논문 작성 방법이나 연구방법론 수업(질적 연구 방법론, 양적 연구 방법론)을 한국어와 영어, 중국어로 제공하여 유학생들이 언제든 관련 공부를 진행할 수 있도록 할 필요성도 있다. 유학생들이 논문 작성에 상당한 어려움을 겪고 있기 때문이다. 다만, 최소한의 학술적 기준을 갖추지 못한 논문을 작성한 유학생의 경우 졸업을 유예시키는 등의 과정을 통해 대학원의 질 관리를 할 필요가 있다.

대학이 외국인을 입학시키기만 하면 어떻게든 졸업을 할 것이라는 안일한 생각을 하게 될 경우 대학의 이미지 실추와 함께 대학원 교육의 질이 현저히 떨어질 수 있음을 명심해야 한다. 상황에 따라서는 차라리 대학원을 없애고(혹은 유학생 유치를 없애고) 학부 중심 대학으로 대학을 내실 있게 운영하는 것이 대학의 이미지 제고와 장기적인 대학의 성장에 도움이 될 수도 있다는 것도 기억해 둘 필요가 있다. 유학생 질 관리의 과정이 궁극적으로 외국인 학생들의 성공적인 대학원 생활을 위한 올바른 지도 방법이라는 믿음이 필요하다.

교수들의 외국인 유학생 지도의 방향

외국인 유학생은 한국에서의 대학원 생활을 마치고 본국에서 생활하게 될 가능성이 높다. 한국에서의 경험은 유학생들의 이후 삶에 큰 영향을 미치게 될 것이다. 본국으로 돌아간 유학생들은 본국에서 한국에서의 대학원 생활을 공유하게 될 것이다. 유학생 한 명, 한 명이 일종의 민간외교관의 역할을 담당하게 된다는 것이다. 교수들은 민간외교관을 길러 낸다는 책임감을 가지고 유학생들을 지도해야 한다.

특히 유학생은 언어의 장벽, 학문의 어려움, 그리고 타국 생활의 외로움이라는 삼중고를 겪으며 생활하고 있다. 대학의 교수들은 다양한 어려움에 노출된 유학생들에 대해 애정을 가지고 지도하되, 유학생들이 전문가로 성장할 수 있도록 철저한 관리를 할 필요가 있다. 본 챕터에서는 한국에서 6년간의 유학생 생활을 한 나의 경험을 바탕으로 한국의 교수들이 어떻게 유학생을 지도하면 좋을지에 대한 내용을 서술하고자 한다.

첫째, 교수는 유학생들과 잦은 대화를 나눌 필요가

있다. 유학생들이 교수와 대화를 나누는 과정에서 대학원 생활의 어려움을 이야기할 수 있고, 논문의 아이디어도 자연스럽게 생성될 수 있기 때문이다. 교수들은 외국인 유학생들이 어렵지 않게 본인을 찾아와서 면담할 수 있는 환경을 만들어 줄 필요가 있다.

둘째, 한국 학생보다는 빨리 논문 지도를 진행해야 한다. 외국인에 대한 논문 지도는 빠르면 빠를수록 좋다. 가급적 지도교수 선정 후부터 지속적으로 이루어지면 좋다. 지도교수 선정 후부터 유학생의 논문의 방향과 내용에 대해 이야기한다면, 비교적 수월하게 논문작성의 전 과정을 마칠 수 있게 될 것이다. 교수들은 외국인 유학생들과의 논문 지도 시간을 정기적으로 마련한 후 그 시간을 활용하여 학생들을 지도할 필요가 있다.

셋째, 유학생들을 한국인 학생과 연결해 주는 멘토링 프로그램에 참여시킬 필요가 있다. 각 대학은 외국인 유학생을 관리하는 멘토링 프로그램을 국제협력처나 교수학습지원센터 등을 통해 운영하고 있다. 교수는 이들 기관의 적극적인 협조를 얻어 유학생들이 한국인 대학원생 또는 학부생의 도움을 얻어 생활할 수 있도록 환경을 구축해 줄 필요가 있다. 이 또한 불가하다면 언어교환 등을 통해 도움을 주고받을 수 있는 환경을 마련해 주는 것도 좋은 방법이 될 수 있을 것이다.

넷째, 수업 및 논문 질 관리를 철저히 해야 한다. 한국어 능력이 부족하거나 수업 출석이 부족한 학생, 수업 태도가 불량한 학생, 논문의 수준이 매우 부족한 유학생을 우수한 유학생과 같은 수준에서 평가하거나 졸업시키는 것은 대학원 질 관리의 측면에서 바람직하지 않다. 후배 유학생들이 대충 공부해도 졸업할 수 있을 것이라는 인식을 가지게 될 것이기 때문이다. 부족한 학생은 졸업을 유예시켜야 한다. 보완해서 더 좋은 논문을 쓰고 졸업할 수 있게 해야 한다. 일단 졸업시키고 보자는 태도는 참된 교육자의 태도라고 볼 수 없다.

대한민국 커뮤니케이션 대학원

한국인과 유학생을 위한 커뮤니케이션학 대학원 진학 가이드북

초판인쇄 2020년 9월 8일
초판발행 2020년 9월 8일

지은이 이정기·황우념
펴낸이 채종준
펴낸곳 한국학술정보㈜
주소 경기도 파주시 회동길 230(문발동)
전화 031) 908-3181(대표)
팩스 031) 908-3189
홈페이지 http://ebook.kstudy.com
전자우편 출판사업부 publish@kstudy.com
등록 제일산-115호(2000. 6. 19)

ISBN 979-11-6603-072-7 12330